날마다 즐겁게
지구를 구하자!

날마다 즐겁게
지구를 구하자!

이해인·김유리·양수정 글 | 뜬금 그림

휴먼
어린이

여는 글

지구와 내가
함께 즐거워지는 하루

　여러분을 즐겁게 하는 일은 무엇인가요? 영화 보기, 맛있는 식사, 좋아하는 사람과 보내는 시간을 떠올릴 수 있겠죠. 또는 사고 싶은 물건, 가고 싶은 여행지, 신나는 음악에 맞춰 춤추는 모습을 상상할 수도 있어요. 우리는 모두 자신을 즐겁게 만드는 방법을 알고 있죠. 이건 내가 나를 잘 알고 있기 때문이에요.

　그런데 여러분은 우리가 사는 지구를 즐겁게 하는 방법에 대해 얼마나 알고 있나요? 아마 쉽게 대답하지 못할 거예요. 아름다운 숲과 바다, 깨끗한 공기, 동물과 식물이 어우러져 살아가는 땅…. 우리는 이 모든 것을 당연하게 여길 때가 많아요. 하지만 최근 지구가 더는 버틸 수 없는지 세계 곳곳에서 다양한 환경 문제가 일어나고 있어요.

　그동안 사람들이 누리던 편리함이 지구에 많은 영향을 미치고 있었던 거예요. 어느새 지구는 넘치는 쓰레기로 뒤덮였고, 끝없이 배출되는 이산화 탄소로 점점 뜨거워지고 있어요. 이뿐만 아니라 다양한 동식물들도 멸종 위기에 처했죠.

하지만 우리의 즐거움을 위해 지구가 고통받아야 하는 건 불공평해요. 우리도 지구도 함께 즐거워지는 방법을 찾아야 하죠. 그러기 위해서는 집에서, 학교에서, 언제 어디서든 내가 하는 선택이 환경에 어떤 영향을 미치고 있는지 제대로 알 필요가 있어요. 그리고 잊지 않고 지구가 괜찮은지 자주 안부를 물어야 하지요.

우리는 잘 알지 못할 때 쉽게 행동하곤 해요. 시원한 음료수 한 잔을 마시려고 사용한 일회용 컵과 빨대가 바다를 오염시키고 있다는 걸 모른다면 우린 몇 번이고 그 행동을 반복하겠죠. 하지만 한 번 진실을 알게 된 뒤로는 같은 선택을 할 때마다 마음이 불편할 거예요. 앞으로는 음료수 한 잔을 마실 때도 묵직한 텀블러와 유리 빨대를 챙기게 될 수도 있겠죠.

지구를 위한 선택은 내 즐거움을 무작정 포기하는 게 아니에요. 일상에서 시작할 수 있는 작은 노력이 모이면 지구도 우리도 모두 즐거워질 수 있어요. 물론 지구를 위하는 실천은 번거롭고 쉽지 않을 거예요. 조금은 불편하지만 지구를 구하는 하루가 어떤 모습일지 기대되지 않나요? 그럼, 오늘도 즐겁게 지구를 구해 볼까요?

'지구하자'를 대표하여
이해인

차례

여는 글 지구와 내가 함께 즐거워지는 하루 4

1장 집에서 시작해요!

1. 사용하지 않는 물건이 있을 때 12
- 올바른 분리배출 어렵지 않아! 14

2. 식사를 준비할 때 18
- 햄버거에 숨겨진 불편한 진실 20

3. 새 옷을 사고 싶을 때 24
- 울트라 패스트 패션이 뭐야? 26

4. 씻을 때 30
- 우리나라가 물 스트레스 국가라고? 32

5. 음식을 시켜 먹을 때 36
- 플라스틱으로 만들어진 섬 38

6. 빨래할 때 42
- 내 옷이 만드는 미세 플라스틱 44

7. 장난감을 사고 싶을 때   48
- 조용한 침입자, 환경 호르몬   50

8. 스마트폰을 사용할 때   54
- 스마트폰이 지구에 남기는 흔적   56

📌 **지구를 바꾸는 환경 일기 쓰기**   60

2장 학교에서 함께해요!

1. 교실 청소를 할 때   64
- 물티슈가 종이가 아니라고?   66

2. 친구에게 선물할 때   70
- 과대 포장, 꼭 필요할까?   72

3. 종이를 사용할 때   76
- 헷갈리는 종이류 분리배출 방법, 정확히 알아보자!   78

4. 냉난방기를 사용할 때   82
- 모두에게 평등하지 않은 폭염과 한파   84

5. 급식을 먹을 때   88
- 내가 남긴 음식은 어디로 갈까?   90

6. 학용품을 사용할 때 94
– 환경에도 좋은 학용품이 있대! 96

7. 체험 학습을 갈 때 100
– 동물을 위한 동물원 102

8. 교실을 비울 때 106
– 에너지 생산, 재생 에너지로 바꿔야 해! 108

📌 도전하자! 환경 보호 챌린지 112

3장 언제 어디서나 지켜요!

1. 장을 볼 때 116
– 탄소 발자국을 줄이는 로컬 푸드 118

2. 이동할 때 122
– 전기 자동차는 친환경 교통수단일까? 124

3. 공원에 놀러 갈 때 128
– 공원이 도시를 시원하게 만든다고? 130

4. 바다에 놀러 갈 때 134
– 기후 변화를 막는 김 이야기 136

5. 등산할 때 140
- 에베레스트산은 쓰레기로 몸살 중 142

6. 날씨가 더울 때 146
- 지금은 지구 열탕화 시대! 148

7. 날씨가 추울 때 152
- 지구가 더워진다는데 겨울은 왜 더 추워졌을까? 154

8. 비가 올 때 158
- 기록적인 폭우의 원인이 기후 변화라고? 160

9. 여행을 갈 때 164
- 탄소를 배출하는 비행기 166

10. 영화관에서 영화를 볼 때 170
- 영화와 환경의 불편한 공존 172

📌 지구를 지키는 환경 기념일 만들기 176

참고 자료 178

1장

집에서 시작해요!

1. 사용하지 않는 물건이 있을 때

📌 필요한 곳에 물건을 나눠 주자

작아서 입지 못하는 옷이나 가지고 놀지 않는 장난감처럼 사용하지 않는 물건이 있다면 무작정 버리지 말고 물건의 쓰임을 한 번 더 생각해 보자. 이 물건이 필요한 사람이 없는지, 기부하거나 나눌 곳이 없는지 말이야. 내게 필요 없어진 물건이 누군가에게는 정말 필요한 것일지 몰라. 물건이 새로운 주인을 만나 계속 쓰일 수 있도록 나눔을 실천해 보자.

📌 새활용에 도전해 보자

필요 없어진 물건을 새로운 용도로 더 사용할 순 없을까? 버리는 물건을 새롭게 고쳐서 다시 활용하는 것을 '업사이클링', 우리말로는 '새활용'이라 불러. 다 쓴 페트병을 연필꽂이나 식물에 물을 주는 조리개로 만들어 보는 것도 새활용을 실천하는 방법이지. 이렇게 버려질 물건을 새롭게 활용하면 물건의 수명이 늘어나게 돼. 새활용을 실천하면 새 물건을 사지 않아도 되고, 자원도 아낄 수 있으니 일석이조야.

📌 쓰레기는 분리배출하자

나눔도 새활용도 어려운 물건은 마구 한데 섞어 버리지 않고 분리배출해야 해. 분리배출은 자원이 다시 활용될 수 있도록 같은 물질끼리 나눠 배출한다는 뜻이야. 분리배출을 할 때는 비우고, 헹구고, 분리하고, 섞지 말자는 4가지 규칙을 지켜야 해. 분리배출 규칙을 잘 지키면 많은 쓰레기가 새로운 자원으로 재활용될 수 있어.

올바른 분리배출 어렵지 않아!

분리배출의 4가지 규칙 모두 기억하지? '**비헹분섞**'은 **비우기**, **헹구기**, **분리하기**, **섞지 않기**의 첫 글자를 따온 말이야. 기본적인 분리배출 방법인 '비헹분섞' 규칙을 하나씩 알아보자.

  가장 먼저 안에 든 내용물은 깨끗하게 **비우기**. 비우기만 한다고 오염 물질이 모두 제거되지 않으니 깨끗하게 물로 **헹구기**. 하나의 물건이 서로 다른 물질로 구성되어 있다면 각각 **분리하기**. 마지막은 올바른 배출함에 바르게 넣어 **섞지 않기**!

  분리배출을 올바르게 하려면 4가지 규칙뿐 아니라, 쓰레기의 종류별로 서로 다른 분리배출 방법을 자세히 알아 두는 것이 좋아. 그럼 지금부터 쓰레기의 종류에 따른 분리배출 방법을 알아보자.

  첫 번째로 페트병, 배달 용기, 일회용품 등 매일 많은 양을

분리배출 4가지 규칙

1. 비우기

2. 헹구기

3. 분리하기

4. 섞지 않기

사용하는 **플라스틱류 배출 방법**을 알아보자. 플라스틱은 내용물을 비우고 용기의 안과 밖에 있는 이물질을 모두 제거해야 해. 다른 재질로 이루어진 은박지나 상표 스티커는 말끔하게 떼어 내자. 깨끗이 씻어 말린 플라스틱은 찌그러뜨려 부피를 줄인 뒤 투명한 것과 색이 있는 것을 분리해 지정된 배출함에 넣어야 해.

두 번째는 손쉽게 물건을 담을 때 사용하는 **비닐류 배출 방법**을 알아보자. 비닐은 매우 가볍다는 특징 때문에 배출함에 그냥 넣으면 바람에 흩날리고 말아. 비닐은 여기저기 날아가지 않도록 투명 봉투에 모아 내놓거나 뚜껑이 있는 배출함에 넣어야 해. 일반 쓰레기라고 헷갈릴 수 있는 라면 수프 봉지와 인스턴트커피 봉지, 에어캡 등도 모두 비닐류로 분리배출할 수 있어. 봉지에 수프가 묻어 있다면 꼭 씻고, 에어캡은 바람을 뺀 후 배출해야 해. 반면에 랩, 우산, 돗자리, 이물질이 묻은 비닐은 비닐류라 착각하기 쉽지만, 재활용되지 않는 일반 쓰레기라서 종량제 봉투에 버려야 해.

세 번째로 시원한 음료수를 담는 **유리병류 배출 방법**을 알아보자. 유리병은 색깔을 구분하여 배출하면 재활용률을 높일 수 있어. 하지만 깨진 유리병은 재활용이 되지 않으니 두꺼운 종이나 포장재로 안전하게 감싸서 일반 쓰레기로 버려야 해. 거울, 전구, 도자기류는 유리처럼 보이지만 유리병류로 분리배출할 수 없으니 전용 봉투에 따로 배출하자.

네 번째로 안전하게 내용물을 보관할 수 있는 **캔류 배출 방법**을 알아보자. 캔은 재활용률이 높아 제대로 분리배출하면 많은 자원과 에너지를 절약할 수 있어. 하지만 캔 속에 이물질을 함께 넣어 버리는 사람들이 있어서 재활용하기 어려운 경우가 많다고 해. 캔은 깨끗이 씻어 말린 후 발로 밟아 납작하게 만들어 배출하자.

마지막으로 무게가 가볍고 보온에 유리해 포장 용기로 많이 사용하는 **스티로폼류 배출 방법**을 알아보자. 깨끗한 페스티로폼은 플라스틱 원료로 재생될 수 있어. 따라서 컵라면이나 일회용 그릇으로 사용된 스티로폼은 깨끗하게 헹구는 게 가장 중요해. 다른 재질로 코팅되거나 이물질 제거가 안 되는 스티로폼은 잘게 쪼개서 종량제 봉투에 버리자.

올바르게 분리배출하는 방법, 어렵지 않지? 쓰레기를 버릴 때 조금만 관심을 가지면 지구 자원의 낭비를 막고 새로운 자원으로 재활용할 수 있다니 다행이야. 분리배출 규칙을 잘 기억해 두고 우리 함께 실천해 보자.

2. 식사를 준비할 때

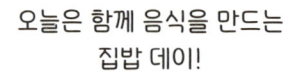

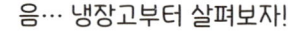

📌 음식은 먹을 만큼만 준비하자

하루에 우리나라에서 버려지는 음식물 쓰레기만 해도 약 1만 6천 톤에 달한다고 해. 그중 너무 많이 만들어 먹지 못하고 쓰레기로 버려지는 음식이 엄청난 양을 차지한대. 집에서 식사를 준비할 때 음식이 남지 않도록 가족의 식사량을 고려해 상을 차려 보자. 가족들이 좋아하는 재료가 들어간 음식을 만드는 것도 좋은 방법이 될 수 있어.

📌 고기보다 채소를 활용해 음식을 만들자

고기는 채소보다 환경에 훨씬 많은 부담을 주는 식재료야. 가축을 기르고, 사료를 생산하는 데 넓은 땅이 필요하다는 이유로 숲이 파괴되고 있거든. 하루에 한 끼, 일주일에 하루는 고기 없는 식사를 해 보는 건 어떨까? 다양한 채소와 과일, 두부 등 다채로운 식재료를 이용해 음식을 만들어 보자. 사라지는 숲도 지키고, 이전에는 알지 못했던 새로운 맛도 즐길 수 있을 거야.

📌 냉장고 속 재료를 적극 활용하자

우리 집 냉장고에 무엇이 있는지 얼마나 알고 있니? 냉장실에 어떤 채소가 있는지, 냉동실에 꽁꽁 얼려 놓고 잊어버린 식재료가 없는지 먼저 확인해 보자. 냉장고 속 재료가 상하기 전에 미리미리 음식을 만드는 데 활용하는 것만으로도 식재료 낭비를 줄일 수 있어.

햄버거에 숨겨진 불편한 진실

햄버거는 둥근 빵 사이에 고기 패티와 양상추, 토마토, 치즈 등의 재료를 넣고 맛있는 소스와 함께 즐기는 음식이지. 하지만 우리가 자주 사 먹는 햄버거가 지구에 큰 부담을 주고 있다는 사실은 많은 사람이 모를 거야. 햄버거가 환경에 어떤 영향을 미치는지 지금부터 함께 알아보자.

먼저, 햄버거에 들어가는 소고기 패티 1개를 만들기 위해 어른 한 명이 여유롭게 누울 수 있는 크기인 5제곱미터의 숲이 사라지고 있어. 이렇게 넓은 땅이 필요한 이유는 고기를 생산하려면 소가 생활하는 땅뿐만 아니라 소가 먹을 사료를 기르는 땅도 필요하기 때문이야. 그 결과 지구의 허파라고 불리는 아마존 열대 우림도 우리가 먹을 고기를 생산하기 위해 빠른 속도로 파괴되고 있어. 숲을 빠르게 없애려고 일부

불에 타고 있는 아마존 열대 우림

러 산불을 내기도 한다니, 문제가 무척 심각하지? 숲은 공기 중의 이산화 탄소를 흡수해 지구 온난화를 늦추는 일등 공신이야. 하지만 그렇게 소중한 숲이 우리가 먹는 햄버거 때문에 계속 사라진다면 지구가 뜨거워지는 걸 막을 수 없어.

게다가 햄버거를 만들려면 많은 물이 필요해. 제품이나 서비스의 원료 채취부터 생산, 수송 및 유통, 사용, 폐기까지 모든 과정에서 소비되는 물의 총량을 나타내는 지표를 **물 발자국**이라고 해.

　우리가 먹는 식재료 역시 처음 생산되어 버려질 때까지 지구에 많은 물 발자국을 남기지. 1킬로그램을 기준으로 토마토는 214리터, 사과는 822리터, 상추는 237리터, 오이는 353리터의 물 발자국을 남기고 있어. 하지만 햄버거 하나를 생산할 때는 무려 2500리터의 물이 필요해. 우리가 하루에 마시는 물의 양이 약 1.5리터 정도라고 한다면 무려 1500일이 넘는 시간 동안 마실 수 있는 물이 햄버거 하나를 만드는 데 사용되는 거지.

　햄버거를 만드는 데 많은 물이 필요한 이유는 고기 패티 때문이야. 고기를 생산하기 위해서는 1킬로그램을 기준으로 닭고기는 4335리터, 돼지고기는 5988리터, 소고기는 1만 5415리터의 물이 필요하거든. 지구 한편에서 물 부족으로 고통받고 있는 사람들을 생각하면 이렇게 많은 물이 필요한 햄버거를 먹는 게 망설여져.

그뿐만 아니라 소의 방귀가 지구 온난화를 일으키는 원인 중 하나라는 거 알고 있니? 소는 곡물을 소화하는 과정에서 방귀나 트림으로 메탄가스를 배출해. 메탄가스는 이산화 탄소보다 21배 높은 온실 효과를 내는 기체야. 또한 소가 먹이를 먹고 누는 똥과 오줌도 온실가스 배출에 영향을 주기 때문에 햄버거 하나를 만드는 데 무려 3킬로그램에 가까운 온실가스가 배출돼.

우리가 간식으로 즐겨 먹는 햄버거에 이렇게 많은 비밀이 숨어 있는지 미처 몰랐지? 사라지는 숲, 물 부족 문제, 온실가스 배출로 뜨거워지는 지구까지 모두 햄버거 하나에 연결되어 있었던 거야. 이제부터 햄버거 먹고 싶을 때는 가족들과 함께 맛있는 간식을 직접 만들어 보는 건 어떨까? 시장에서 산 채소를 넣어 김밥을 만들거나 신선한 과일 간식도 좋아. 나뿐만 아니라 지구도 함께 건강할 수 있도록 노력해 보는 거야.

3. 새 옷을 사고 싶을 때

📌 옷장을 정리하자

옷장 안에 어떤 옷들이 있는지 모두 기억하니? 옷을 제대로 정리하지 않으면 내게 어떤 옷이 있는지 잊어버리기 쉬워. 한눈에 알아보기 쉽게 옷을 종류별로 나눠 차곡차곡 정리해 보자. 옷장을 정리하다 보면 숨어 있던 멋진 옷도 발견할 수 있을 거야.

📌 중고 시장을 이용해 보자

한창 성장할 시기에는 몸이 쑥쑥 자라 새로 산 옷도 금세 작아지기 마련이야. 그때마다 매번 새 옷을 사기보다 중고 제품에 관심을 가져 보는 건 어때? 중고 시장을 활용하면 버려질 뻔한 옷이 다시 활용되어 자원을 아낄 수 있거든. 가격도 저렴하니 장점이 두 배지!

📌 유행을 타지 않는 옷을 사자

옷은 유행이 빠른 제품 중 하나야. 옷장 속에 입을 옷이 없다고 여기는 건 유행이 지났다는 생각 때문이지. 옷을 살 때 지금 유행하는 제품보다 기본적인 색과 디자인을 갖춘 옷을 선택해 보자. 미리 세워 놓은 기준에 따라 유행을 타지 않는 옷을 구입하면 싫증 나지 않고 오랫동안 입을 수 있을 거야.

울트라 패스트 패션이 뭐야?

지난여름에 산 티셔츠를 꺼내 입으려다 왠지 입기 망설여진 적이 있니? 왜 우리는 옷장 속에 옷이 가득 있어도 입을 만한 옷이 없다고 생각하는 걸까? 그건 옷의 유행이 빠르게 변하기 때문이야. 유행이 지난 옷은 사람들의 마음에서 멀어지고, 금세 새로운 유행에 자리를 빼앗기거든. 이렇게 빠른 속도로 소비되는 옷을 일컬어 **패스트 패션(Fast Fashion)**이라고 해.

   패스트 패션은 최신 유행을 즉각 반영해 빠른 속도로 만들어지는 옷을 말해. 그 속도가 어느 정도로 빠르냐면 보통 패션 기업은 1년에 4~5회 계절별로 신상품을 내놓지만, 패스트 패션 기업은 한 달마다 새로운 제품을 선보여. 재고를 남기지 않기 위해 적은 양만 제작하고 저렴한 가격으로 파는 것도 패스트 패션의 특징이지.

　이렇게 한번 가열된 패션 시장의 속도는 멈추지 않고 있어. 최근에는 패스트 패션보다 더 빠른 속도의 울트라 패스트 패션(Ultra Fast Fashion)이라는 말이 생길 정도지. 울트라 패스트 패션은 1~2주 만에 디자인부터 제작과 유통까지 가능해진 옷을 말해. 물론 생산된 모든 옷이 전부 소비되는 건 아니야. 새로 나오는 제품에 밀려 한 번도 사용되지 못한 채 폐기 처분되는 옷의 양도 크게 늘었지.

　2024년 환경부 자료에 따르면 한 해 동안 우리나라에서 발

산처럼 쌓여 있는 의류 쓰레기

생하는 의류 폐기물량은 10만 톤이 넘는다고 해. 길거리에 세워져 있는 의류 폐기함에 넣은 옷은 재활용된다고 생각하기 쉽지만, 수거된 옷의 약 5퍼센트 정도만 국내에서 다시 판매되고 있어. 나머지 95퍼센트는 해외에 수출해 의류 폐기물 문제를 해결하고 있지. 하지만 해외로 수출한 옷의 절반 정도는 상태가 좋지 않아서 곧바로 쓰레기가 된다고 해. 우리가 떠넘긴 옷이 누군가의 소중한 보금자리에 거대한 옷 무덤을 만들고 있는 거야.

우리가 쉽게 사고, 쉽게 버리는 것과 달리 옷을 만들기 위해서는 많은 자원이 사용돼. 섬유를 만드는 재료뿐만 아니라 물과 에너지, 노동력도 필요하거든. 하지만 이렇게 힘들게 만들어진 옷이 패스트 패션으로 가열된 유행의 변화 속도 때문에 점점 수명이 줄어들고 있어. 게다가 버려진 옷 대부분이 재활용되지 않고 소각되거나 매립되는 것도 심각한 문제야. 이 과정에서 대기와 토양이 오염되고 그곳에서 살아가는 사람들도 고통받게 되거든.

점점 빨라지는 패션 산업의 흐름에서 벗어나기 위해서는 우리 모두의 노력이 필요해. 패스트 패션의 심각성을 인식하고 이에 반하는 **슬로 패션(Slow fashion)**을 실천해 보자. 슬로 패션은 옷이 생산되고 소비되는 모든 과정에서 환경을 고려하며 유행을 따르기보다 오래 입을 수 있는 옷을 말해. 소비자인 우리가 할 수 있는 슬로 패션 실천은 유행에 따라 옷을 사지 않고, 최대한 오랫동안 옷을 수선해 입는 거지. 이렇게 느긋함을 즐기다 보면 나만의 진정한 멋도 발견할 수 있을 거야.

4. 씻을 때

여름이 되니 자꾸만 땀이 나네.

뽀득뽀득 씻으려면 샴푸를 듬뿍!

몸이 끈적거려서 다시 씻어야겠어.

너무 개운해!

샤워를 30분이나 하다니! 물 낭비가 너무 심한데?

물을 아끼며 씻는 방법이 궁금해.

📌 사용하지 않는 수도꼭지를 잠그자

양치질을 하거나 머리를 감을 때 수도꼭지를 계속 틀어 두지는 않니? 낭비되는 물을 줄이려면 사용하지 않을 때는 수도꼭지를 잠그거나 필요한 만큼만 물을 받아 쓰는 습관이 필요해. 작은 실천이지만 양치 컵만 사용해도 수도꼭지를 계속 틀어 놓을 때보다 물 사용량을 70퍼센트나 줄일 수 있대! 우리의 작은 노력이 엄청난 양의 물을 절약할 수 있어.

📌 비누와 고체 치약을 사용해 보자

우리가 씻을 때 사용하는 대부분의 욕실 제품은 플라스틱 용기에 담겨 있어. 하지만 플라스틱은 쉽게 분해되지 않는 물질이니 지구 환경에 큰 부담을 주지. 플라스틱 용기가 필요 없는 비누를 쓰고, 튜브에 담긴 치약 대신 알약처럼 깨물어 쓰는 고체 치약을 사용해 보자. 내 몸뿐 아니라 지구도 같이 깨끗해질 수 있도록 최대한 플라스틱 사용을 줄여 보자.

📌 씻는 시간을 줄이자

씻고 나면 몸도 깨끗해지고 덩달아 기분도 개운해져. 그런데 우리가 씻을 때마다 많은 물을 사용한다는 사실도 기억해야 해. 15분 동안 샤워를 하는 것만으로도 약 180리터의 물이 사용되거든. 씻는 시간이 길어질수록 더 많은 물이 소비되겠지? 자신만의 샤워 순서를 정해 씻는 시간을 최대한 줄여 물을 절약해 보자.

우리나라가 물 스트레스 국가라고?

 물 스트레스 국가라는 말을 들어 본 적 있니? 낯설게 느껴질 수 있지만, 우리나라가 바로 **물 스트레스 국가**에 해당해. 우리나라는 1년 동안 한 사람이 이용할 수 있는 물의 양이 1453세제곱미터로, 세계 153개국 중 129위라는 하위권에 위치하며 부족한 물 때문에 스트레스를 받는 나라야.

 우리나라는 국토의 삼면이 바다로 둘러싸여 있으니 말이 되지 않는다고 생각할 수 있어. 하지만 우리가 일상적으로 사용할 수 있는 물은 강이나 호수처럼 염분이 거의 없는 담수야. 우리나라는 강수량이 풍부한 편에 속하지만, 바다로 흘러가는 물이 많은 편이지. 그러다 보니 짧은 가뭄에도 물이 쉽게 고갈돼. 그렇다면 물이 부족한 만큼 우리는 물을 아껴 쓰고 있을까?

2024년 환경부 통계에 따르면 대한민국 국민 1인당 하루 물 사용량은 305.6리터라고 해. 약 130리터를 소비하는 독일과 덴마크와 비교하면 하루 동안 2배 이상 더 많은 물을 사용하고 있지. 우리나라는 국토가 좁고 인구가 많아 물 부족 문제는 앞으로 더욱 심각해질 거야. 그렇다면 우리는 왜 이렇게 많은 물을 사용하고 있는지 초록이의 일상으로 살펴보자.

초록이는 아침에 일어나 물을 틀어 놓은 채로 세수를 하고, 머리를 감았어. 깨끗하게 샤워를 하느라 시간이 30분이나 걸렸지. 화장실을 갈 때마다 변기의 물을 내려보냈고, 더러워진 옷을 빨기 위해 세탁기도 돌렸어. 이렇게 초록이는 하루 동안 끊임없이 물을 소비하고 있어. 우리의 일상도 초록이와 크게 다르지 않지.

하지만 이게 다가 아니야. 우리는 눈에 보이지 않는 곳에서도 물을 사용하고 있거든. 우리가 먹는 음식과 입는 옷을 만드는 과정에서도 많은 물이 필요해. 평균적으로 티셔츠 한 장을 생산하는 데 2500리터, 청바지 한 장에 9000리터의 물이 쓰여. 하지만 우리가 구입한 상품에는 사용된 물의 비용이 포함되어 있지 않아. 우리는 어떤 값도 치르지 않고 많은 물을 너무 쉽게 쓰고 있는 거야.

우리나라는 물 스트레스 국가지만, 사람들이 좀처럼 물을 아껴 써야 한다는 경각심을 느끼지 못하는 게 가장 큰 문제란다. 이대로라면 물 스트레스 국가를 넘어 물 기근 국가가 되고 말 거야. 물 낭비가 계속 된다면 마실 물이 부족해지는 것은 물론이고, 식량 생산량도 줄어들 수밖에 없어. 우리가 먹는 작물이 자라기 위해서는 물이 꼭 필요하잖아. 또한 물이 부족해지면 물을 얻기 위해 사람들 간의 갈등과 분쟁도 자주 일어나게 될 테지.

그러니 더는 물이 낭비되지 않도록 지금 바로 물 절약을 시작해 보자. 양치 컵을 사용하고, 물이 필요하지 않을 때는 수도꼭지를 꼭 잠그는 거야. 눈에 보이지는 않지만 물 발자국까지 고려해 상품을 고르는 것도 중요해. 우리의 작은 행동이 한 방울 한 방울 모이면 어느새 물 부족 스트레스에서도 말끔히 벗어날 수 있을 거야.

5. 음식을 시켜 먹을 때

쓰레기를 만들지 않고 음식을 시켜 먹는 방법이 있을까?

📌 다회용기에 음식을 포장하자

배달 음식은 용기를 다시 수거하기가 번거롭다는 이유로 일회용품에 담겨 오는 경우가 많아. 하지만 한 번 사용하고 버려지는 일회용품은 썩지 않고 오랫동안 지구를 괴롭히지. 조금 번거롭지만, 집에 있는 다회용기를 챙겨 음식점에 가서 먹고 싶은 음식을 직접 포장해 오자. 최근에는 일회용품 사용을 줄이기 위해 다회용기로 배달해 주는 서비스도 생겨나고 있다니 이용해 볼까?

📌 필요 없는 일회용품과 반찬을 거절하자

배달 음식을 시켜 먹을 때 최대한 플라스틱 쓰레기를 줄이는 방법은 무엇이 있을까? 집에서 배달 음식을 시켜 먹는 경우라면 일회용 숟가락과 나무젓가락을 받지 않고 집에 있는 식기를 사용할 수 있어. 음식 배달 서비스 앱에서 일회용품 거부 설정을 해 놓으면 매번 신경 쓰지 않아도 되니 편리하지. 음식을 주문할 때 필요 없는 반찬이 있다면 미리 빼 달라고 요청하면 음식물 쓰레기도 줄일 수 있단다.

📌 사용한 용기는 깨끗하게 씻어 분리배출하자

맛있는 음식이 담겨 왔던 용기는 깨끗하게 씻어 분리배출해야 해. 플라스틱 용기 안에 오염물이 묻어 있으면 재활용이 되지 않거든. 간혹 용기에 묻은 양념이 지워지지 않을 때도 있을 거야. 그런 경우에는 다른 플라스틱의 재활용을 방해하지 않도록 일반 쓰레기에 버려야 한다는 거 잊지 마!

플라스틱으로 만들어진 섬

바다 위에 플라스틱 쓰레기로 이루어진 섬이 있다면 믿을 수 있겠니? 실제로 1997년에 선장이었던 찰스 무어는 태평양 한가운데에서 지도에 표시되어 있지 않은 섬을 발견했어. 그는 콜럼버스와 같이 신대륙을 발견한 줄 알았지만, 수많은 **플라스틱 쓰레기**가 거대한 섬처럼 바다를 떠다니고 있는 것이었지. 바다에는 일정한 소용돌이 형태로 회전하는 '환류'라는 바닷물의 흐름이 있거든. 그래서 무게가 가벼운 플라스틱이 육지에서 떠내려와 바다 한가운데에 갇혀 있었던 거야.

플라스틱 쓰레기 섬이 발견됐을 당시 거대한 크기 때문에 모두가 놀랐어. 태평양 거대 쓰레기 지대를 뜻하는 영어 이름 **GPGP(Great Pacific Garbage Patch)**에서도 짐작할 수 있듯이 이 섬의 크기는 한반도 면적의 약 7배에 달해. 이 커다란 플

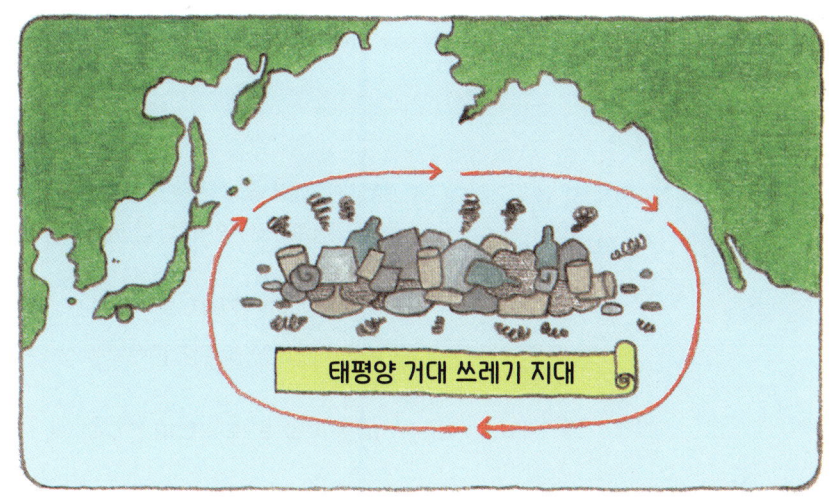

라스틱 섬 대부분은 태평양을 둘러싼 국가에서 버린 일회용품으로 이루어져 있어. 우리가 잠깐의 편리함을 위해 사용했던 플라스틱이 바다에 거대한 흔적을 남기고 있었던 거야.

플라스틱은 좀처럼 썩지 않는 특성 때문에 많은 환경 문제를 일으키고 있어. 하지만 처음부터 플라스틱이 이렇게 심각한 환경 문제를 일으키게 될 줄은 아무도 몰랐단다. 플라스틱이 처음 세상에 탄생하게 된 이유는 코끼리를 보호하기 위해서야. 무거운 공을 긴 막대로 쳐서 점수를 얻는 스포츠인 당구가 유행하기 시작했을 때였어. 당구를 칠 때 쓰는 무거운 공은 코끼리의 상아를 갈아서 만든 것이었지. 당구를 즐

바다 위를 떠다니는 플라스틱 쓰레기

기는 사람 수가 늘어날수록 코끼리 개체 수는 크게 줄어들게 되었어. 당시 이 문제를 해결하기 위해 상아를 대체할 물질을 찾다 발견한 것이 바로 우리가 지금 사용하는 플라스틱이란다.

  이처럼 플라스틱의 발명은 무척이나 좋은 의도에서 시작되었어. 하지만 일회용품처럼 손쉽게 사용하고 버리는 물건까지 플라스틱으로 만들면서 치명적인 단점이 드러나게 되었지. 플라스틱은 너무 안정적인 구조이기 때문에 좀처럼 썩지 않거든. 햇빛이나 파도처럼 외부의 힘이 가해져도 그저

작은 조각의 플라스틱으로 쪼개질 뿐이야. 실제로 태평양 거대 쓰레기 지대에는 5밀리미터 이하의 미세 플라스틱 조각이 약 1조 8천억 개나 있다고 해.

사라지지 않는 플라스틱이 바다에 흘러들면 바다를 쓰레기장으로 만드는 걸로 끝나지 않아. 바닷속 플라스틱은 동물의 생존을 위협한단다. 많은 해양 생물들이 버려진 그물에 온몸을 휘감겨 움직이지 못하고, 플라스틱을 먹이로 착각해 잔뜩 먹는 바람에 죽는 경우도 계속 늘고 있어.

이뿐만 아니라 플라스틱 제조 과정에서 첨가된 화학 물질은 바다 생태계를 파괴하고 있지. 작게 조각난 플라스틱에서는 화학 물질이 쉽게 흘러나와 바닷물의 독성 성분 농도가 높아지고 있거든.

플라스틱은 이렇게 많은 문제점을 가지고 있지만, 우리의 일상은 플라스틱에 크게 의존하고 있어. 하지만 100년 전에 만들어진 플라스틱도, 어제 만들어진 플라스틱도 분해되지 않고 우리 곁에 남아 있다는 걸 잊지 말자. 이제 우리에게 변화가 필요할 때야!

6. 빨래할 때

📌 빨랫감을 모아서 세탁하자

세탁기로 옷을 빨기 위해서는 빨랫감이 아무리 적더라도 생각보다 많은 양의 물이 사용돼. 그러다 보니 너무 적은 양의 옷을 세탁하면 오히려 물이 더 낭비되는 거지. 세탁기는 저마다 최대로 들어갈 수 있는 빨래의 무게가 정해져 있다는 거 아니? 물을 절약하고 싶다면 세탁기에 알맞은 양만큼 빨랫감을 모아 세탁하는 것을 추천해.

📌 세탁 세제는 정량만 사용하자

옷에 묻은 얼룩과 때를 제거하려면 세탁 세제가 필요해. 세제를 많이 사용하면 옷이 더 깨끗해질 것 같지? 하지만 오히려 세제 거품이 많이 생기기 때문에 옷을 여러 번 헹궈야 해서 물이 낭비되고, 헹군 후에도 세제가 남아 있을 수 있대. 세탁물의 무게에 따라 적절한 세제의 양이 정해져 있으니 무게에 맞춰 세제 양을 조절해 보자. 최근에는 세제 용기 뚜껑을 계량컵으로 사용할 수 있는 제품도 있으니 활용해 봐.

📌 빨래는 자연 건조해 말리자

요즘 빨래를 널어 말리지 않고 건조기를 사용하는 집이 늘어나고 있어. 건조기를 이용하면 따뜻한 열과 바람으로 빠르게 빨래를 말릴 수 있지. 하지만 건조기로 빨래를 말리려면 많은 전기 에너지가 필요해. 환경을 위해서 조금 번거로워도 건조대를 이용해 자연 건조해 보자. 햇빛에는 바이러스를 없애는 살균 효과도 있으니 깨끗함도 두 배가 될 거야.

내 옷이 만드는
미세 플라스틱

플라스틱은 썩지 않고 자연적으로 분해되지 않아. 그렇다면 플라스틱은 처음 만들어진 모습 그대로 영원히 존재하는 걸까? 플라스틱은 자연으로 돌아가지 않을 뿐 햇빛, 바람, 파도 등에 의해 점차 작은 조각으로 쪼개져. 하지만 아무리 잘게 쪼개졌더라도 여전히 플라스틱과 똑같은 성질을 갖고 있으니 분해되었다고 할 수는 없지. 단지 눈으로 확인하기도 어려울 만큼 작은 **미세 플라스틱**이 된 거야. 미세 플라스틱은 지름이 5밀리미터 이하인 플라스틱 조각을 말해.

우리는 미세 플라스틱이 버려진 쓰레기에서 만들어진다고 생각해. 하지만 일상 속 많은 행동에서도 미세 플라스틱이 만들어진단다. 우리가 사용하는 화장품, 세탁 세제 등에는 세정력을 높이기 위해 미세한 플라스틱 조각이 들어 있거든.

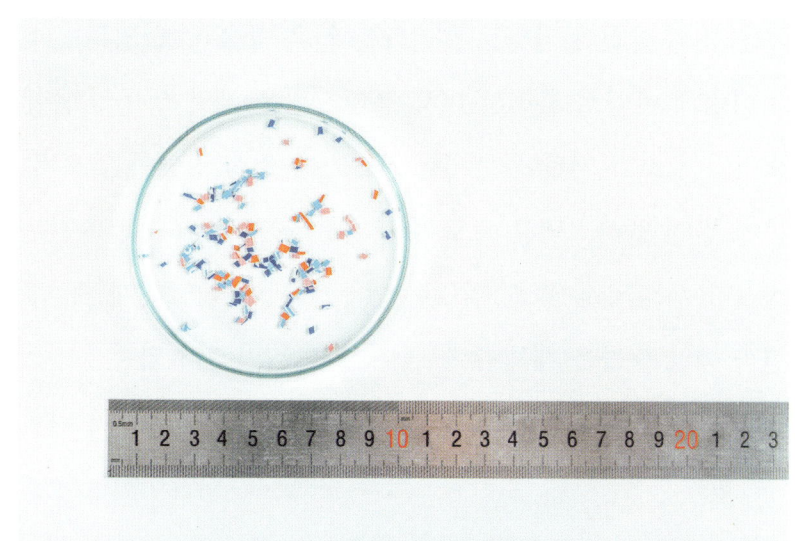

5밀리미터 이하의 작은 플라스틱 조각을 일컫는 미세 플라스틱

그뿐만 아니라 우리가 입는 옷 대부분은 플라스틱을 가늘게 뽑아 만든 옷감으로 만들어져. 옷 안쪽에 있는 라벨을 확인하면 '폴리'로 시작하는 다양한 옷감과 나일론, 아크릴 같은 이름을 쉽게 찾을 수 있지? 이것들은 모두 플라스틱으로 만들어진 섬유에 해당해.

이렇게 플라스틱으로 만들어진 옷을 세탁하면 그 과정에서 수많은 미세 플라스틱이 떨어져 나와. 미세 플라스틱은 크기가 작아서 정화하는 데도 한계가 있지. 세탁기 안에 있는 먼지와 이물질을 거르는 거름망에도 걸리지 않아서 하수구를 통해 하천과 바다로 흘러드는 것을 막을 수 없거든.

이렇게 바다로 흘러든 미세 플라스틱은 해양 생물의 몸에 축적되며 소화 기관에 문제를 만들거나 번식 장애를 일으켜. 몸에 쌓인 플라스틱은 호르몬 분비를 교란시켜 수컷의 경우 정자가 생성되지 않고, 암컷은 난소 질환에 시달리게 돼. 그 결과 해양 생물은 개체 수가 줄며 멸종 위기종이 되지.

그렇다면 바다에 살지 않는 인간은 미세 플라스틱의 위험

을 피해 갈 수 있을까? 우리 역시 공기와 물을 통해 많은 양의 미세 플라스틱을 섭취하고 있어. 우리가 무심코 먹고 있는 미세 플라스틱이 일주일에 신용카드 한 장 분량이나 된다고 해. 우리 몸에 들어온 미세 플라스틱은 배변 활동으로 배출되기도 하지만, 크기가 매우 작을 경우 몸 안에 남아 암 발병률을 높이거나 면역 질환을 일으키는 원인이 되기도 해.

그러니 지금부터 미세 플라스틱을 줄이는 의생활 습관을 함께 실천해 보자. **첫째, 자주 빨래하지 않기.** 옷을 깨끗이 입어 오염되지 않았다면 옷을 여러 번 입는 거야. 미세 플라스틱이 발생하는 세탁 횟수 자체를 줄이는 거지. **둘째, 뜨거운 물보다는 냉수로 세탁하기.** 뜨거운 물이 닿으면 섬유가 약해져 미세 플라스틱이 쉽게 발생할 수 있거든. **셋째, 세탁 세제 적게 사용하기.** 세제에는 세정력을 높이기 위해 미세 플라스틱이 들어 있는 경우가 많아. **넷째, 건조기 대신 자연 건조하기.** 건조기에 옷을 돌리면 마찰로 생겨난 미세 플라스틱이 통풍구를 통해 공기 중으로 배출되기 때문이야.

크기는 작지만 환경에 거대한 영향을 끼치는 미세 플라스틱. 우리의 작은 행동에서 변화가 시작될 수 있어.

7. 장난감을 사고 싶을 때

우리 반 친구들에게 유행인 반짝거리는 물총! 나도 하나 사야지.

말랑말랑 만지기만 해도 행복한 슬라임도 참을 수 없어.

친구들과 함께 가지고 놀 새로운 장난감을 사고 싶어.

📌 꼭 필요한 물건인지 생각하자

우리는 필요하지 않은 물건을 유행에 따라 충동적으로 구매하기도 해. 사려고 마음먹은 물건이라도 정말 필요한 물건인지 꼼꼼히 따져 볼 필요가 있어. 비슷한 물건을 이미 가지고 있지는 않은지, 이 물건을 얼마나 오랫동안 사용할 수 있는지 생각해 보는 거야. 잠깐의 즐거움을 위해 불필요한 물건을 사지 말자.

📌 친환경 재료로 만든 물건을 구입하자

말랑말랑하고 반짝이는 재질의 장난감은 우리 몸에 해로운 화학 물질이 들어 있어 건강에 좋지 않아. 또한 대부분의 장난감이 플라스틱이나 재활용이 어려운 물질로 만들어져 환경에도 부담을 주지. 장난감을 살 때는 되도록 친환경 재료로 만든 물건을 선택하자.

📌 필요한 장난감을 직접 만들어 보자

재미있는 장난감은 꼭 사야만 하는 게 아니야. 우리 주변에 있는 상자, 고무줄, 헝겊 등을 이용해서 직접 만들어 보면 어떨까? 페트병을 세워 볼링 게임을 하거나, 종이를 접어 인형을 만들 수도 있지. 친구와 하고 싶은 놀이를 상상하고 필요한 준비물을 구해서 장난감을 직접 만들어 보면 그것만으로도 즐거운 놀이가 될 거야.

조용한 침입자, 환경 호르몬

 최근 들어 해외 사이트에서 싼값으로 어린이 용품을 직접 구매하는 소비가 유행하고 있어. 특히 말랑한 촉감의 장난감과 귀여운 인형, 슬라임은 무척 인기가 많지. 하지만 우리가 좋아하는 장난감은 대부분 플라스틱으로 만들어진단다. 또 부드러운 촉감을 위해 플라스틱에 다양한 화학 물질이 첨가제로 들어가.

 그래서 반짝반짝한 장난감을 가지고 놀다 보면 눈에 보이지 않는 화학 물질이 우리 몸에 차곡차곡 쌓여. 그렇게 쌓인 화학 물질은 환경 호르몬이 되어 우리 몸을 속이는 거짓말쟁이가 된다고 해! 우리 몸의 조용한 침입자 환경 호르몬에 대해 자세히 알아보자.

 산업 활동을 통해 만들어지는 **환경 호르몬**은 몸에서 정상적으로 분비되는 호르몬 작용을 방해하는 화학 물질이야. 기계를 작동하고 물건을 만들 때 공기 중으로 방출되는 것에서 끝나지 않고 생물에 흡수되어 우리 몸에 필요한 진짜 호르몬 작용을 방해하지. 환경 호르몬은 편리한 생활을 위해 사용하는 플라스틱 제품, 일회용품, 인스턴트식품에서 흔히 검출되고 있어. 플라스틱이 우리의 일상을 뒤덮으면서 환경 호르몬을 피하기는 더욱 어려워졌지.

우리가 매일 사용하는 학용품과 장난감도 환경 호르몬으로부터 자유롭지 않아. 싼값에 산 플라스틱 제품에서 어린이의 성장을 방해하는 '프탈레이트' 첨가제 등이 기준치와 비교해 수백 배 넘게 검출되기도 했어. 슬라임 같은 장난감에는 폐 질환을 유발하는 살균제 성분까지 나왔다니 문제가 심각하지.

환경 호르몬의 가장 큰 문제점은 우리 몸에 들어와 내분비계*에 혼란을 일으킨다는 점이야. 특히 성호르몬에 큰 영향을 끼쳐서 생식 기관의 발달이나 신체 성장, 뇌 발달을 방해하지. 비만이나 암 발생을 증가시키는 원인이 되기도 해.

*내분비계: 호르몬을 분비하는 세포 혹은 조직으로 이루어진 기관계.

나이가 어릴수록 환경 호르몬의 영향은 더욱 위험해. 정상적인 면역 체계가 생기기 전에 환경 호르몬에 노출되면 여러 건강 문제가 발생할 수 있지만, 이를 해결할 방법은 아직도 명확하지 않거든.

우리가 할 수 있는 건 환경 호르몬이 발생하는 제품의 사용량을 줄이는 일이야. 끓는 물을 붓는 컵라면, 플라스틱으로 코팅된 일회용 커피잔, 배달 음식을 포장하는 랩 등 환경 호르몬이 많이 발생하는 물건을 최소한으로 사용하는 거야. 무심코 받았던 영수증에도 '비스페놀 A'라는 환경 호르몬이 포함되어 있으니 조심해야 해.

환경 호르몬은 만지는 것만으로도 몸에 흡수되니 직접 접촉하지 않는 게 중요해. 플라스틱 제품이나 영수증을 만지고 난 뒤에는 꼭 손을 씻도록 하자. 또한 눈에 보이지 않아도 공기 중에는 다양한 환경 호르몬이 떠다닐 수 있으니 실내를 자주 환기해 주는 것이 좋아.

눈에 보이지 않는 환경 호르몬이 줄곧 우리의 건강을 위협하고 있었다니! 더 이상 우리 몸을 속이는 환경 호르몬을 곁에 둘 수 없어.

환경 호르몬 이렇게 예방하자!

1. 장난감이나 영수증을 만진 뒤에는 반드시 손을 씻자.

2. 인스턴트 음식을 삼가고 플라스틱 제품 사용을 줄이자.

3. 실내를 자주 환기하자.

8. 스마트폰을 사용할 때

📌 스마트폰을 자주 바꾸지 말자

스마트폰은 재활용이 어려운 제품 중 하나야. 한번 고장 나면 수리가 어렵고, 수리 비용도 비싸서 새 제품을 사게 되는 경우가 많지. 하지만 스마트폰 하나를 생산하는 데 90킬로그램에 가까운 이산화 탄소가 발생한다고 해. 이렇게 많은 온실가스를 배출하며 만들어진 스마트폰이니 오래오래 사용하는 게 좋겠지?

📌 스마트폰 사용 시간을 줄이자

우리는 매일 스마트폰을 사용하며 많은 시간을 보내. 스마트폰을 오래 사용하면 시간을 낭비하기 쉬울 뿐 아니라, 스마트폰을 사용할 때 필요한 에너지도 지구에 부담이 돼. 하루 종일 스마트폰을 손에서 놓지 못하고 충전기를 뽑지 못하니 전기가 많이 사용될 수밖에 없어. 지구와 나 모두를 위해 스마트폰 사용 시간을 줄여 보자.

📌 전자 메일함을 정리하자

우리가 주고받는 모든 이메일은 데이터 센터에 저장돼. 이 과정에서 많은 전기가 사용되고, 지구 온난화를 일으키는 이산화 탄소가 배출되지. 그래서 스팸 메일을 확인하지 않은 채 메일함에 보관하고 있으면 그만큼 불필요한 이산화 탄소가 계속해서 발생하는 거야. 필요 없는 메일은 바로바로 정리하는 습관을 들이자.

스마트폰이 지구에 남기는 흔적

일상 속 필수품이 된 **스마트폰**. 우리는 필요한 물건을 주문할 때도 여행지에서 길을 찾을 때도 스마트폰을 사용해. 스마트폰 없이는 일상생활이 어려울 정도지. 하지만 스마트폰은 생산부터 폐기까지 모든 과정에서 환경에 큰 부담을 주는 제품이야. 스마트폰의 일생을 살펴보며 지구에 미치는 영향을 알아보자.

가장 먼저 스마트폰을 만들려면 어떤 자원이 필요한지 살펴볼까? 스마트폰은 손바닥만 한 크기지만 그 안에는 많은 부품이 들어 있어. 특히 자료를 해석하고 명령해 우리가 사용하는 기능을 통제하는 반도체라는 장치가 꼭 필요해.

반도체 소재인 금, 구리, 텅스텐, 니켈 등의 광석은 지구에 묻혀 있는 양이 적어서 값이 비싸고 채굴하는 과정도 무

스마트폰 내부 부품을 수리하는 모습

척 까다로워. 흙 속에 금속이 있더라도 매우 적은 양이라 원하는 금속만 정제하는 과정이 필요하거든. 이 과정에서 황산 등 인체에 해로운 물질이 많이 사용되기도 해. 그로 인해 건강을 해치는 독성 가스와 산성 폐수가 발생해 또 다른 문제를 일으키지.

이뿐만 아니라 광석의 매장량이 매우 적어 필요한 양을 채취하기 위해 야생 동물의 서식지까지 훼손되고 있어. 중국, 브라질, 콩고 등에서는 스마트폰 생산을 위한 광석 채굴로 심각한 토지 훼손을 겪고 있을 뿐만 아니라, 사람과 동물의 생존까지 위협받고 있단다.

다음으로 스마트폰은 생산 과정에서도 많은 이산화 탄소를 발생시켜. 스마트폰 한 대를 만들 때 배출되는 탄소량은 스마트폰을 10년 동안 사용할 때 배출되는 탄소량과 같아. 스마트폰을 생산할 때마다 많은 탄소가 배출되기 때문에 같은 스마트폰을 최대한 오랫동안 사용하는 게 중요해.

하지만 스마트폰 교체 주기는 점점 빨라지고 있어. 사용한 지 2년 정도 지나면 성능이 떨어지고 자주 고장 나는 바람에 새 제품으로 바꿀 수밖에 없지. 이러한 문제를 해결하기 위해 스마트폰을 생산하는 기업에서도 자체 수리와 재활용이 가능하도록 제품을 디자인할 필요가 있어. 이는 기업이 가져야 하는 책임이기도 해.

마지막으로 스마트폰은 폐기되는 과정에서도 환경을 훼손해. 유엔 환경 계획 발표에 따르면 전 세계에서 한 해 동안 약 4천~5천만 톤의 전자 폐기물이 발생하는데, 그중 폐스마트폰이 2천만 대에 달한다고 해. 하지만 이렇게 많은 양의 전자 폐기물은 대부분 재활용되지 않아. 스마트폰에 들어 있던 금속은 땅에 매립되며 심한 토양 오염을 일으키지.

스마트폰이 지구에 남기는 흔적을 줄이기 위해서 우리가

할 수 있는 일은 무엇일까? 스마트폰은 생산하는 과정에서 가장 큰 환경 문제를 일으키기 때문에 구입한 스마트폰을 오래 사용하는 게 가장 좋은 방법이야. 이미 오래 쓴 스마트폰을 버려야 할 때는 최대한 자원이 다시 활용될 수 있도록 수거 서비스를 이용해 보자. 힘들게 채굴된 희귀한 금속이 다시 재활용될 수 있도록 말이야. 우리의 실천이 계속된다면 스마트폰으로 얼룩진 지구도 조금씩 깨끗해질 거야.

지구를 바꾸는 환경 일기 쓰기

집에서도 이렇게나 다양한 방법으로 지구를 구할 수 있다니! 내가 할 수 있는 일부터 먼저 실천해 보고, 환경 일기도 써 보자. 환경 일기는 자신이 실천한 친환경 행동을 자세히 적어 보고, 그때 느꼈던 감정과 생각을 떠올리며 솔직하게 기록하는 글이야.

예를 들어, 새로운 옷을 사지 않고 이미 가지고 있는 옷들을 정리했다면 그 일을 하면서 느낀 점을 일기장에 적어 보자. 옷을 정리하는 데 긴 시간이 걸리고 힘들었지만, 내가 한 행동이 지구에 좋은 영향을 주었으니 무척 뿌듯할 거야. 이미 충분한 옷을 가지고 있다고 느낄 수도 있고, 다음에는 정말 필요한 옷만 사자는 반성을 할 수도 있지.

일기를 쓰다 보면 내 일상을 되돌아보면서 새로운 친환경 실천을 약속하고, 열심히 환경을 생각하는 자신을 응원해 줄 수도 있어. 남은 공책을 재활용해 나만의 환경 일기장을 만들고 오늘부터 기록해 보는 건 어때? 환경 일기가 차곡차곡 쌓이면 더 큰 보람을 느낄 수 있을 거야.

📌 **환경 일기 주제 예시**

재활용품 분리배출하기   채식 요리 만들기   물 아껴 쓰기   텀블러 사용하기

📌 환경 일기 쓰기

년 월 일 요일	날씨
제목:	

2장
학교에서 함께해요!

1. 교실 청소를 할 때

📌 재사용할 수 있는 청소 도구를 사용하자

우리는 청소를 할 때 물티슈나 청소포처럼 간편하게 쓰고 버릴 수 있는 일회용품을 많이 사용해. 하지만 이런 일회용품은 재활용되지 않고 잘 썩지도 않아. 일회용품 대신 다시 사용할 수 있는 청소 도구를 선택해 보자. 물티슈 대신 걸레를 사용하고, 청소포 대신 빗자루를 사용하는 거야.

📌 분실물 보관함을 만들자

교실 청소를 하다 보면 바닥에 떨어진 펜 뚜껑이나 연필 등 주인 없는 학용품을 발견하곤 해. 교실에 분실물 보관함을 만들어 친구들이 잃어버린 물건의 주인을 찾아 주자. 주인이 나타나지 않는 물건은 새로운 주인에게 나눌 수도 있어. 이 방법은 물건이 무작정 버려지는 것을 막고, 물건을 잃어버려서 다시 새 물건을 사는 불필요한 소비도 막을 수 있지.

📌 쓰레기는 올바르게 구분해 버리자

교실에서 친구들은 주로 어떤 쓰레기를 버릴까? 물티슈나 휴지, 먼지, 활동지, 색종이 조각 등을 많이 버려. 쓰레기를 버릴 땐 분리배출의 4가지 규칙인 '비우기, 헹구기, 분리하기, 섞지 않기'를 잘 지켜야 해. 교실에 일반 쓰레기통과 재활용 쓰레기통을 따로 두고 제대로 분리하여 버리자.

물티슈가 종이가 아니라고?

물티슈는 재활용도 어렵고 잘 썩지 않는다고 이야기했던 거 기억하지? 물티슈가 종이로 만들어지거나 그냥 물에 젖은 휴지라고 착각하기 쉬워. 사실 물티슈는 주로 플라스틱의 일종인 **폴리에스테르**로 만들어져.

하지만 사람들은 물티슈가 플라스틱이라는 사실을 잘 모르고 있어. 2021년에 이루어진 설문 조사에 따르면 물티슈가 플라스틱 재질이라는 것을 아는 사람은 34.9퍼센트에 불과했어. 물티슈 포장지에 '플라스틱'이라는 표시가 없으니 물티슈가 플라스틱이라는 사실이 널리 알려지지 않은 거야.

게다가 물티슈는 재활용이 안 돼서 일반 쓰레기로 버려야 해. 일반 쓰레기로 버려진 물티슈는 썩는 데 수백 년이 걸리고, 소각하면 몸에 해로운 유해 물질이 나와.

한 장씩 뽑아 쓰도록 포장되어 있는 물티슈

　무심코 변기에 버린 물티슈는 물에 분해되지 않은 채 하수관이나 하수 처리장에서 문제를 일으키기도 해. 실제로 2023년에 전라남도 여수시에서는 하천이 오염되어 물고기가 폐사한 일이 있었어. 그 원인을 조사해 보니 변기에 버린 물티슈 등의 이물질이 하수관의 기계 설비를 막아 오염된 오폐수가 역류해서 발생한 일이었지.

　만약 물티슈가 바다로 흘러들어 잘게 부서지면 **미세 플라스틱**이 되어 우리에게 되돌아와. 또 물티슈를 만들고 폐기하는 과정에서 사용되는 자원과 에너지의 낭비는 말할 것도 없

67

지. 찰나의 편리함이 불러오는 대가는 생각보다 가혹해.

우리는 간편하게 쓰고 버릴 수 있는 물티슈를 일상에서 너무 자주 사용하고 있어. 식당에서는 무상으로 물티슈를 내주고, 집에서도 걸레나 행주 대신 물티슈를 자주 사용하곤 해. 식당과 카페 등에서 사용하는 물티슈는 2022년에만 31만 7천 톤이 생산되었고, 가정에서 사용하는 물티슈는 무려 129만 톤이 생산되었어.

최근 자연에서 생분해되고 환경에 미치는 영향을 최소화한 물티슈를 소비하려는 사람들이 늘어나고 있어. 하지만 이

또한 한 번 쓰고 버려지기 때문에 물티슈는 어떤 변신을 하더라도 결코 친환경적인 물건이 될 수는 없어. 유일한 해결책은 물티슈를 한 장이라도 덜 쓰는 것뿐이지. 꼭 필요한 목적으로만 쓰되, 그 이외의 사용은 최대한 줄여야 해. 물티슈 대신 사용할 손수건을 챙겨 다니는 습관을 가져 보는 것은 어떨까?

물티슈는 편리하고, 어디에나 있어. 하지만 우리에게 물티슈를 사용할지 말지 결정할 수 있는 선택권도 함께 있다는 것을 기억하길 바라.

2. 친구에게 선물할 때

📌 오래 쓸 수 있는 것을 선물하자

친구에게 어떤 걸 선물해야 할지 고민된다면 오래 쓸 만한 물건이 무엇인지 가장 먼저 생각해 보면 어떨까? 금방 고장 나거나 싫증이 나는 물건은 얼마 되지 않아 버려질 거야. 물건을 살 때 내게 꼭 필요한 물건인지, 내구성이 좋은지 고민하는 것처럼 친구의 선물을 고를 때도 똑같아. 친구에게 필요하면서도 튼튼한 물건을 골라 선물해 보자.

📌 화려하고 과대 포장된 선물은 사지 말자

풍성하고 예쁜 포장은 근사한 첫인상을 줘. 하지만 포장보다 중요한 것은 안에 담긴 물건과 그 물건을 선물하는 내 마음이야. 아무리 화려하고 예쁜 포장이라도 벗기고 나면 결국 쓰레기가 돼. 그러니 선물을 고를 때 불필요하게 개별 포장되어 있지 않은지, 내용물보다 크게 과대 포장된 건 아닌지 꼼꼼히 따져 보자.

📌 손수건이나 종이를 재활용해서 포장하자

반짝이는 메탈 포장지나 포일은 재활용이 어려워. 일회용 포장지 대신 신문이나 택배 완충재를 재활용해 보는 건 어때? 선물에 화려한 포장이 필요하다는 생각에서 벗어나 나만의 개성을 담은 포장을 해 보자. 멋스러움을 살리고 싶다면 손수건이나 보자기를 활용해 봐. 포장재로 사용하는 것과 동시에 그 자체로 또 하나의 선물이 될 수 있지.

과대 포장, 꼭 필요할까?

온라인 쇼핑이 발달하면서 택배로 물건을 주고받는 일은 일상이 되었어. 택배 이용이 늘어나자 택배 쓰레기나 **과대 포장** 문제가 수면 위로 드러났지. 필요 이상으로 포장이 크거나, 완충재를 너무 많이 사용하는 것 등이 불편하다고 이야기하는 사람들이 많아졌거든. 통계를 보면 한 사람이 1년 동안 약 80개의 택배를 주문한다고 하니 택배 쓰레기의 양도 엄청나겠지?

어느 정도로 심각하냐면 택배 상자 등을 비롯한 포장 폐기물의 부피가 전체 생활 폐기물 부피의 50퍼센트를 차지한다고 해. 생활 폐기물은 공장 등에서 버려지는 사업장 폐기물 외의 모든 폐기물을 일컫는 말로, 일반 쓰레기와 재활용품,

음식물 쓰레기 등을 모두 포함해. 즉, 우리가 일상에서 만들어 내는 쓰레기를 빠짐없이 한 운동장에 모았을 때 절반이 포장 폐기물이라니, 정말 어마어마한 양이지?

이처럼 엄청난 쓰레기를 만드는 과대 포장 사례를 우리 주변에서 찾아보자. 마트에만 가도 쉽게 발견할 수 있어. 과일이나 채소를 낱개씩 포장하여 판매하거나 상품을 보기 좋게 만들기 위해서 불필요한 스티로폼이나 플라스틱 포장재를 과도하게 사용하는 경우가 많아.

온라인 쇼핑을 이용할 때도 상품마다 제각기 다른 상자에 담겨 오거나 내용물보다 너무 큰 포장재가 사용되기도 하지. 설날이나 추석 무렵에 흔히 볼 수 있는 명절 선물 세트도 과대 포장되어 있어.

그런데 왜 과대 포장을 할까? 과대 포장은 대부분 소비자의 관심을 사로잡기 위해 사용돼. 풍성하고 예쁜 패키지나 잘 분류된 여러 개의 택배 상자는 근사한 첫인상을 선사해 주거든.

하지만 과대 포장은 오히려 소비자에게 불쾌한 경험을 남기기도 해. 막상 소비자가 상자를 열고, 스티로폼이나 충전재를 빼내고, 비닐을 뜯고, 겉 포장에 비해 한없이 작은 내용물을 마주하게 되면 허탈하지 않을까? 게다가 그 모든 쓰레기를 분리배출해야 하는 사람도 바로 소비자 자신이지.

물론 환경에 미치는 악영향이야말로 우리가 과대 포장을 당장 멈춰야 하는 가장 큰 이유야. 포장재는 대부분 한 번 사용하고 나면 곧바로 버려지거든. 재활용이 가능한 친환경 소재의 포장재를 이용했다고 해도 그것을 만들고 재활용하는 과정에서 또다시 많은 탄소를 배출하게 돼.

그런데 제품을 포장하는 일이 나쁜 것만은 아니야. 포장은 제품에 대한 정보를 제공하고, 내용물을 보호하기 위해 꼭 필요하거든. 단, 제품에 맞는 적절한 포장이 중요하지.

  제품을 만드는 기업은 불필요한 포장 자체를 줄이거나 재사용이 가능한 패키지를 이용해야 하고, 소비자도 과대 포장 문제에 지속적인 관심을 가져야 해. 캠페인을 통해 과대 포장을 신고하거나 포장이 과하지 않은 상품을 구매하여 과대 포장 상품들의 판매율을 낮추는 방법도 있어. 기업과 소비자가 함께 노력하여 불필요한 포장을 줄여 나가자.

3. 종이를 사용할 때

📌 이면지를 사용하자

공부하다 보면 생각보다 종이를 많이 사용하게 돼. 학교에서 수업 시간에 사용하는 활동지의 양만 떠올려도 엄청나지. 최대한 종이를 쓰지 않는 게 가장 좋겠지만, 아예 종이 없이 공부하기는 힘들어. 교실에 이면지함을 만들어 다시 사용할 수 있는 종이를 모아 보는 건 어떨까? 수학 문제를 풀거나 그림 연습을 할 때는 이면지를 활용하여 종이 낭비를 줄여 보자.

📌 활동지를 잃어버리지 말자

인쇄할 때 너무 많은 종이를 사용하는 것도 자원 낭비야. 수업 시간에 받은 활동지를 잃어버리지 않게 파일에 잘 보관한다면 불필요한 인쇄를 줄일 수 있어. 종이를 아끼기 위해 꼭 필요한 내용과 분량만 인쇄하는 것도 중요해. 예를 들어, 만들기 도안을 인쇄할 때 이게 꼭 필요한지 곰곰이 따져 보거나 한 장만 인쇄해서 다른 친구들과 함께 사용하는 거야.

📌 남은 종이 조각을 모아 두자

교실에서 친구들과 삼삼오오 모여 종이접기를 하거나 색종이 도화지를 잘라 만들기를 해 본 적 있니? 만들기를 하다 보면 준비한 색종이나 도화지 한 장을 다 사용하지 못하고 남는 경우가 생겨. 남은 종이 조각을 버리지 않고 모아 두었다가 다음 만들기 활동에 활용하거나, 더 작게 잘라 모자이크 그림을 만드는 데 쓸 수도 있어.

헷갈리는 종이류 분리배출 방법, 정확히 알아보자!

학교에서 가장 많이 나오는 쓰레기는 아무래도 종이가 아닐까? 우리 모두 종이는 나무로 만든다는 걸 알고 있어. 그러다 보니 종이를 생산하려면 무조건 나무를 베야 한다고 생각하기 쉬워.

하지만 종이를 만드는 원료의 20퍼센트만 나무를 베어 추출한 천연펄프(나무 섬유)를 사용하고 나머지 80퍼센트는 폐지를 사용해. 다시 말해 종이는 재활용이 가장 잘 되는 물질 중 하나인 거지. 게다가 종이를 만드는 회사들은 종이 생산을 위해 나무를 베어 낸 만큼 다시 나무를 심어서 산림 파괴를 최소화하기 위해 노력하고 있어.

종이가 친환경적인 자원이긴 하지만, 종이를 만드는 과정에서는 많은 에너지가 필요해. 그래서 평소에 종이를 낭비하

종이로 이루어진 각종 쓰레기

면 안 돼. 또한 종이를 올바르게 분리배출해야 효과적으로 재활용할 수 있어. 과연 우리는 종이를 제대로 버리고 있을까? 자주 헷갈리기 쉬운 **종이류 분리배출 방법**을 정확하게 알아보자.

먼저, 교과서에 부록으로 수록된 붙임딱지는 잘 붙었다 떼어질 수 있게 코팅이 된 종이로 여러 재질이 섞여 있어. 종이를 재활용하려면 종이를 구성하는 펄프 섬유가 물에 풀어져야 하는데, 비닐 코팅은 그 과정을 방해해. 그래서 붙임딱지는 일반 쓰레기로 배출해야 해. 붙임딱지처럼 광택이 난다고

79

해서 모두 비닐 코팅이 되어 있다고 오해하면 안 돼. 반드시 그렇지는 않거든. 눈으로 확인하기 어렵다면 손으로 찢어 비닐이 코팅되어 있는지 확인해 보는 게 좋아.

다 쓴 스프링 공책이나 스케치북의 올바른 분리배출 방법도 알아보자. 스프링과 표지는 분리하고 종이만 모아 종이류 배출함에 버리면 돼. 종이찍개 심처럼 종이 외에 다른 재질이 붙어 있다면 모두 제거해야 해. 그런데 스케치북 도화지에 그림이 가득 그려진 경우는 어떻게 해야 할까? 도화지에 크레파스나 물감이 많이 묻어 있다면 재활용이 어렵기 때문에 일반 쓰레기로 버려야 해. 그리기 연습을 하다가 조금만 쓴 도화지라면 깨끗한 부분만 잘라서 종이류로 버려도 돼.

사용하고 남은 종이 조각은 어떻게 버려야 할까? 종이 조각이 손바닥보다 작더라도 코팅이 안 되어 있다면 재활용할 수 있지 않을까? 종이가 너무 작으면 재활용 작업을 할 때 걸러져서 결국 쓰레기로 버려진대. 그래서 손바닥보다 작은 크기의 종이 조각은 일반 쓰레기로 버리는게 좋아.

또한 신문지는 물기에 젖지 않은 상태로 반듯하게 펴서 배출해야 하고, 상자류는 테이프 등 종이류와 다른 재질을 모두 제거한 뒤에 배출해야 해. 종이라고 착각할 수 있지만 알고 보면 재활용할 수 없는 것도 많아. 은박지나 영수증, 종이테이프, 컵라면 용기, 일회용 종이컵 등은 여러 재질이 섞여 있어서 재활용이 어렵단다. 따라서 꼭 일반 쓰레기로 버려야 해.

　종이류 분리배출, 자세히 알고 나니 조심해야 할 것이 많지? 잘 기억해 두고 교실에서 꼭 실천해 보자. 이제 종이 쓰레기를 어떻게 버려야 하는지 헷갈려 하는 친구가 있다면 도와줄 수 있겠지?

4. 냉난방기를 사용할 때

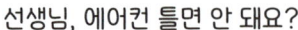

📌 적정 실내 온도를 지키자

냉난방기는 전기를 많이 쓰는 전자 기기야. 교실에 설치된 에어컨 한 대가 선풍기 약 30대를 돌릴 수 있는 전기를 소비하지. 조금이라도 빨리 따뜻해지거나 시원해지고 싶더라도 겨울철에는 18~20도, 여름철에는 26~28도로 적정 실내 온도를 지켜서 에너지를 아끼자. 이렇게 적정 온도를 잘 지키면 에너지도 절약하고 냉난방비도 줄일 수 있어.

📌 문이 닫혀 있는지 확인하고 자주 환기하자

교실에서 냉난방기를 가동할 때면 교실 문을 닫으라는 선생님의 말씀을 들은 적이 있을 거야. 창문과 문을 열어 두면 바깥 공기가 들어와 교실 공기를 설정한 온도로 만들기 어렵기 때문이야. 하지만 냉난방기를 작동할 때도 환기는 필요해. 에어컨을 처음 켰을 때는 5분 이상 환기해 주고, 2~4시간 간격으로 실내를 환기해야 해. 실내에 고인 더운 공기를 밖으로 밀어내 빠르게 온도를 낮출 수 있고, 에어컨에서 나오는 세균이나 곰팡이를 내보낼 수 있어.

📌 커튼이나 블라인드를 활용하자

커튼이나 블라인드를 활용하면 냉난방기의 효율을 올릴 수 있어. 햇볕이 내리쬐는 여름에는 커튼이나 블라인드를 내려 직사광선을 가리고 밖으로 새어 나가는 에어컨 바람을 막자. 겨울에는 낮 동안 햇빛이 충분히 들어올 수 있도록 커튼을 걷고, 난방기를 켤 때는 커튼을 쳐서 내부의 따뜻해진 공기가 빠져나가지 않도록 막을 수 있어.

모두에게 평등하지 않은 폭염과 한파

요즘 뉴스를 보면 세계 곳곳에서 벌어지는 이상한 날씨에 대한 소식을 자주 접하게 돼. 지구촌은 **기후 변화**로 인한 폭염, 한파 등의 기상 이변에 신음하고 있거든. 기후 변화를 과학적으로 연구하기 위해 전 세계에서 모인 국제기구 IPCC는 기후 변화로 인해 폭염이나 한파가 더 자주 강하게 발생하고 있고, 지구 평균 기온 상승이 멈추지 않는다면 앞으로 더 큰 규모로 더 빈번하게 발생할 것이라고 발표했지.

하지만 기후 변화의 영향이 모든 국가와 모든 사람에게 동등하게 나타나지는 않아. 극한 기상 현상은 인류 모두의 생존을 위협하고 있지만, 기후 변화에 책임이 더 큰 사람보다 책임이 더 적은 사람이 피해를 많이 보는 불평등한 상황이 발생하고 있어. 탄소 배출량과 무관하게 기후 변화로 인해 피해를 입는 사람들이 있거든. 경제적으로 어려움을 겪고 있는 사회적 약자나 개발 도상국이 대표적인 예시야.

부유한 사람들은 비행기를 타고 해외여행을 가거나 사고 싶은 물건을 마음껏 쇼핑하며 탄소를 많이 배출해. 하지만 금전적으로 여유롭기 때문에 기후 변화로 인한 피해로부터 쉽게 벗어날 수 있어. 반면에 사회적 약자는 비교적 탄소를 적게 배출하는데도 불구하고 기후 변화로 인한 위험을 피하기가 어려워. 따라서 기후 변화는 곧 불평등 문제이기도 해.

폭염과 한파가 발생했을 때 빈부 격차에 따라 생기는 차이를 한번 살펴볼까? 부유한 사람들은 여름에 폭염이 시작되면 냉방 기구를 세게 가동하며 시원한 실내에 앉아 평소와 다를 바 없이 하루를 보내. 겨울에는 한파를 겪을 새도 없이 지하 주차장에서 미리 히터를 틀어 놓은 자동차에 올라타. 반면에 냉난방 장치도 열악하고 전기 요금을 낼 돈이 없는 사람들은 꼼짝없이 변덕스러운 날씨를 견뎌야만 하지. 냉장고도 충분치 않아서 여름이면 냉장고에 넣지 못한 음식들이 금방 상하곤 해. 체력은 더 약해지고 질병의 위험은 더 커지기 쉽지.

직업 특성상 밖에서 일하는 것을 피할 수 없는 사람들도

있어. 실외 작업을 멈추기 어려운 일용직 노동자나 비닐하우스에서 일을 해야 하는 농부는 일하는 환경도 열악하고, 계속되는 폭염에도 일을 쉴 수 없어 목숨을 잃는 경우까지 생기기도 해.

기후 변화가 악화될수록 폭염과 한파가 빈번해지면서 이를 피할 수 없는 사람들의 삶은 더욱더 벼랑 끝으로 내몰리게 될 거야. 따라서 불평등 해소를 위한 **기후 정의**의 실현이 필요해. 이를 위해 기후 변화의 피해와 책임을 적절히 분배해야 한다는 목소리가 점점 커지고 있어.

기후 변화로 인한 피해를 모두가 공평하게 책임지려면 지금까지 탄소를 많이 배출한 국가와 기업이 더 많은 부담을 져야 해. 기후 변화에 대처할 돈이나 기술이 부족한 개발 도상국을 도와주는 방법도 있어. 또한 관련된 정책을 만들 때 기후 변화의 피해를 받는 사람들이 직접 참여해서 의견을 낼 수 있는 기회를 마련하는 것도 중요해. 이제는 기후 변화 대응뿐만 아니라 모두를 위해 정의로운 해결책을 모색해 나갈 때란다.

5. 급식을 먹을 때

📌 급식은 먹을 만큼만 받자

학교에서 매일 식단표를 살피며 어떤 메뉴가 가장 기대되는지 친구들끼리 이야기하곤 해. 하지만 막상 급식 시간이 되면 원하는 반찬을 잔뜩 받은 뒤 버리는 일도 많아. 급식을 받을 때는 꼭 먹을 만큼만 받고, 더 먹고 싶을 때는 음식을 다 먹고 나서 받자. 이것만 실천해도 자연스럽게 음식물 쓰레기를 줄일 수 있어.

📌 음식을 남기지 말자

매년 학생 수는 줄어드는데, 학교에서 나오는 음식물 쓰레기의 양은 꾸준히 증가하고 있다고 해. 음식물 쓰레기를 줄이는 가장 기본적인 방법은 음식을 남기지 않는 거야. 단지 맛이 없다고 안 먹거나, 다 먹기도 전에 주변 친구들을 따라 일어나면 남은 음식은 결국 음식물 쓰레기가 되니 말이야.

📌 채식 메뉴를 알아보고 추천해 보자

고기 생산을 위해 가축을 키우는 과정에서 온실가스가 막대하게 배출돼. 기후 위기의 주범인 온실가스를 줄이려면 적극적으로 육류의 소비량을 줄여야 하는데, 그 방안이 바로 채식이야. 채식은 어렵거나 거창한 게 아니야. 건강하고 맛있는 채식 요리의 종류가 다양하니 먹고 싶은 음식을 찾아보자. 그리고 학교에 채식 급식의 날을 제안하거나 영양사 선생님께 채식 급식 메뉴를 추천해 보는 것도 좋은 방법이야.

내가 남긴 음식은 어디로 갈까?

학교에서 급식을 먹고 나올 때면 퇴식구에 산더미처럼 쌓인 **음식물 쓰레기**를 볼 수 있어. 이렇게 매일 쏟아져 나오는 음식물 쓰레기는 다 어디로 갈까? 음식물 쓰레기도 일반 쓰레기처럼 땅에 묻히는 걸까?

우리나라는 2005년 1월 1일부터 매립지에 음식물 쓰레기를 묻는 것을 금지했어. 음식물은 수분이 많이 들어 있기 때문에 아무런 과정 없이 바로 땅에 묻으면 썩으면서 심한 악취가 나고, 쓰레기가 썩어 분해되는 과정에서 나오는 더러운 물인 침출수가 나오거든.

다행히 음식물 쓰레기는 분리배출만 잘하면 재활용률이 매우 높아. 우리나라는 현재 음식물 쓰레기의 90퍼센트 이상을 재활용하고 있단다.

지금부터 내가 남긴 음식이 어떻게 재활용되는지 함께 자세히 알아보자. 먼저, 우리는 점심시간에 맛있게 급식을 먹고 남은 음식을 퇴식구에 버려. 그때 급식실 퇴식구를 자세히 살펴보면 체를 사용하여 음식물 쓰레기의 수분을 최대한 제거하는 모습을 볼 수 있어.

점심시간이 끝나고 그날 나온 음식물 쓰레기를 한곳에 모아 두면 음식물 쓰레기 수거 차량이 와서 거둬 가. 수거를 마친 차량은 음식물 쓰레기를 처리하는 시설에 도착하지.

음식물 쓰레기 처리 시설은 그 지역에서 나오는 음식물 쓰레기를 모아 동물의 사료를 만들거나 작물의 성장을 돕는 비료를 만들

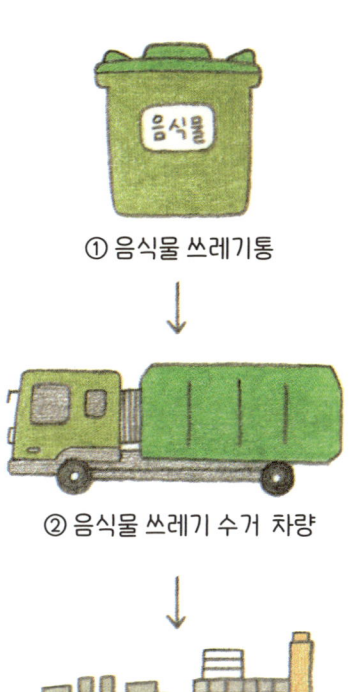

① 음식물 쓰레기통

② 음식물 쓰레기 수거 차량

③ 음식물 쓰레기 처리 시설

④ 비료와 사료로 재탄생!

고, 에너지 발전에도 활용하고 있어.

음식물 쓰레기가 사료로 재탄생하는 과정을 자세히 알아보자. 컨베이어 벨트 위로 음식물이 지나가면 사람이 직접 손으로 플라스틱, 캔, 닭 뼈와 같은 이물질을 하나하나 제거하는 1차 선별 작업을 거쳐. 2차로 기계가 음식물을 잘게 부수면서 가벼운 비닐 종류는 바람으로 날려 따로 분리해. 동시에 아직 남은 음식물의 물기를 빼내고, 이때 나온 폐수는 따로 처리한단다. 다음으로 건조기에 넣어 30분 이상 섭씨 100도로 가열하며 살균하고 건조하는 과정을 거쳐. 이렇게 완성된 건식 사료는 돼지와 닭 등을 키우는 농장으로 전달돼.

이외에도 음식물 쓰레기가 재활용되는 방법은 **바이오가스**를 만드는 거야. 공기가 없는 상태에서 음식물 쓰레기가 미생물에 의해 분해될 때 가스가 나오는데, 이 가스를 정제하여 바이오가스로 만들어. 이렇게 만들어진 바이오가스는 발전 시설이나 자동차 연료로 쓰인다고 해.

음식물 쓰레기의 재활용률은 높지만 아직 많은 어려움과 한계가 있어. 재활용이 되어도 쓰레기라는 인식 때문에 음식물 쓰레기를 재활용하여 만든 사료나 퇴비를 쓰려는 사람이 많지 않거든. 또 음식이 우리 식탁에 오르기 전부터 음식물 쓰레기로 처리되기까지 모든 단계에서 많은 양의 탄소가 배출돼. 그래서 무엇보다 음식물 쓰레기를 줄이는 것이 가장 중요해. 밥은 먹을 만큼만 받고, 싹싹 긁어 먹어서 되도록 남기지 말자.

그리고 음식물 쓰레기를 제대로 분리배출하는 것도 아주 중요해. 잘못된 분리배출은 음식물 쓰레기의 재활용을 방해하거든. 예를 들어, 달걀 껍데기나 조개껍데기, 대파 뿌리, 과일 씨앗, 티백 찌꺼기 등 음식물 쓰레기가 아닌 것들은 따로 모아서 일반 종량제 봉투에 담아 버려야 해. 헷갈리지 않고 제대로 분리배출하면 음식물 쓰레기를 더 잘 재활용할 수 있단다.

6. 학용품을 사용할 때

📌 학용품에 이름을 쓰자

필통을 열어 학용품에 이름을 썼는지 확인해 보자. 학용품에 이름을 쓰면 잃어버리더라도 쉽게 되찾을 수 있어. 풀이나 네임펜처럼 뚜껑이 있는 학용품은 뚜껑과 본체에 각각 이름을 써야 해. 뚜껑을 잃어버려 학용품을 사용하지 못하는 일이 생기지 않도록 말이야.

📌 재활용이 가능한 제품을 사자

알록달록 예쁜 디자인만 보고 물건을 선택하면 버릴 때 재활용이 안 되는 경우가 많아. 학용품이나 학습 교구를 구매할 때 재활용할 수 있는 재료로 만들어졌는지 먼저 확인해 보자. 언뜻 플라스틱으로 분리배출하면 될 것 같은 볼펜이나 샤프도 금속이나 잉크 등 여러 종류의 물질로 이루어져 있어서 재활용이 어렵거든. 내가 선택한 학용품의 부품이 간편하게 분리되는지 확인하는 것도 중요해.

📌 학용품을 낭비하지 말자

공책에 빈 페이지가 많이 남아 있는데 새로운 공책을 꺼내 쓰지는 않니? 새것을 사기 전에 아직 남은 학용품이 없는지 먼저 확인해 보자. 특히 예쁜 학용품을 무작정 사 모으는 것은 불필요한 소비야. 새로운 학용품이 꼭 필요한지, 충동적으로 사는 건 아닌지 고민하길 바라.

환경에도 좋은 학용품이 있대!

개학이 코앞으로 다가오면 설레는 마음으로 책가방이나 공책, 학용품을 준비해. 가격이 비싸지 않은 학용품은 쓰던 것을 버리고 새것을 다시 사는 경우도 많지. 하지만 학용품을 만드는 데는 많은 자원이 필요하기 때문에 불필요하게 낭비하면 안 돼. 지금부터 우리도 실천할 수 있는 **녹색 소비 방법**을 알아보자.

최근에는 친환경 제품에 대한 사람들의 관심이 높아지면서 친환경 학용품도 쉽게 찾아볼 수 있어. 먼저, 업사이클링을 이용한 친환경 학용품이 있어. **업사이클링(Upcycling)**이란 버려진 물건을 더 높은 품질의 제품으로 재탄생시키는 것을 의미해. 우리말로는 새활용이라고 부르지. 재생 종이로 만든 연필, 폐플라스틱으로 만든 필통, 사탕수수 부산물로 만든

신문을 재활용하여 만든 색연필

포스트잇 등 학용품을 만들 때도 재활용한 재료를 사용하는 사례가 많아. 또한 유해 화학 물질이 들어가지 않은 제품도 친환경 용품으로 분류할 수 있어. 화려한 색상을 띠거나 반짝거리고 부드러운 학용품을 만들기 위해 사용되는 화학 물질에는 환경 호르몬이 포함되어 있기 때문이야.

한 가지 더, 매일 사용하는 학용품을 현명하게 소비하기 위해서는 **친환경 마크**가 있는지 확인해 보자. 환경부에서는 '환경 표지 제도'를 통해 같은 용도의 제품 중에서 환경성을 개선한 제품에 환경 표지를 인증하고 있어. 제품을 만들고 소비하고 폐기하는 모든 과정에서 에너지와 자원의 소비를 줄이고, 오염 물질이나 온실가스의 발생을 최소화한 제품에 친환경 마크를 부착하도록 제도를 마련한 거야.

하지만 환경을 생각하는 소비도 함정에 빠질 수 있다는 걸 기억해야 해. 그린워싱(Greenwashing)은 친환경 소비자를 착각하게 하거든. 그린워싱은 마치 친환경 상품인 것처럼 속여서 파는 일을 뜻해. 거짓말은 아니더라도 친환경적이라고 착각하게 할 만한 표현을 일부러 사용하는 것도 그린워싱에 해당해. 그래서 평범한 제품인데도 친환경적 측면을 부풀려서 홍보하고 있는지 잘 살펴봐야 해.

명확한 근거 없이 친환경 또는 무독성이라고 표시하거나 제품을 출시하기 위해 당연히 통과해야 하는 테스트 결과를 두고 친환경이라고 내세우는 경우가 대표적인 그린워싱의 사례야. 환경 마크를 살펴볼 때도 법령에 근거해 인증한 환경 마크가 아닌, 기업에서 자체적으로 만든 마크를 표시하는 경우도 있으니 잘 구분해야 해. 식물이나 동물과 같은 자연 이미지가 반복적으로 나오는 것도 소비자가 해당 제품이나 서비스가 친환경적이라고 오해하기 쉬워서 주의가 필요해.

소비자로서 녹색 소비를 해야 하는 이유는 무엇일까? 녹색 소비 자체가 친환경적인 실천이면서도, 기업은 결국 소비자의 욕구를 따를 수밖에 없기 때문이야. 생수병의 변화가 그 좋은 예야. 2020년, 친환경 소비를 하고 싶어 하는 소비자의 목소리를 반영하여 한 생수 기업에서 처음으로 페트병 몸체에 라벨을 없앤 무라벨 제품이 출시되었어. 이 제품을 시작으로 다른 기업에서도 라벨지를 떼어 내거나 페트병의 무게를 줄이는 방식으로 플라스틱 다이어트를 이어 가고 있지. 이처럼 소비자의 선택이 기업의 변화를 불러일으킬 수 있단다. 우리도 학용품을 살 때 환경을 생각하는 녹색 소비자로서 더욱 꼼꼼히 따져 보고 구매하자.

7. 체험 학습을 갈 때

체험 학습을 가면 왜 쓰레기가 평소보다 더 많이 생길까?

📌 도시락은 다회용기에 준비하자

체험 학습에 갈 때 도시락은 어떻게 준비하니? 간편하다는 이유로 플라스틱 용기에 싸거나 음식점에서 포장해 올 때도 있을 거야. 곧바로 쓰레기가 되는 일회용품 대신에 다회용기를 사용해 도시락을 싸고, 음식점에서 사 가는 경우에는 다회용기를 챙겨 담아 오자.

📌 손수건을 챙기자

손수건을 챙기면 휴지나 물티슈 사용을 줄일 수 있어. 게다가 손수건은 땀이나 흘린 음식물을 닦을 때 말고도 다양한 방법으로 활용할 수 있지. 버스의 에어컨 바람이 추울 때 스카프처럼 목을 감싸서 체온을 따뜻하게 유지하거나, 손수건을 묶어 물건을 담는 주머니로 사용할 수도 있어. 이처럼 다양한 활용법을 가진 손수건을 챙겨 다니는 습관을 가져 보는 건 어때?

📌 물병에 물을 담아 가자

체험 학습을 갈 때는 양손을 가볍게 다니고 싶다는 마음에 평소보다 일회용품을 많이 사용하곤 해. 학교에서 수업을 들을 때는 물병을 사용하다가도 체험 학습에 갈 때는 페트병에 담긴 생수를 사 오는 친구들이 많아. 하지만 편리함을 조금 양보하고 평소처럼 물병을 챙기자. 보온병을 챙기면 더울 땐 시원하게, 추울 땐 따뜻하게 물을 마실 수 있다는 장점도 있어.

동물을 위한 동물원

 다들 한 번쯤 동물원에 가 본 적이 있지? 학교에서도 종종 현장 체험 학습으로 동물원에 가기도 해. 동물원에서는 영상으로만 접하던 판다와 내 몸집보다 큰 코끼리, 밀림의 왕으로 불리는 사자 등 평소에 보지 못하는 다양한 동물들을 실제로 만날 수 있어.

 동물원은 다양한 형태로 존재해. 보통 온종일 돌아다녀도 부족할 정도로 넓은 동물원이 떠오를 테지만, 그 밖에도 실내 동물원으로 운영되는 동물원, 체험 중심의 동물원도 있어. 그런데 과연 이 공간에서 생활하는 동물들은 행복할까?

 동물들은 저마다 다른 습성을 지니고 있지만, 동물원에 있는 동물들은 각자의 습성대로 지낼 수가 없어. 예를 들어, 흙으로 된 땅바닥에서 두 발로 뛰어다녀야 하는 왈라비는 시멘트 바닥에서 살아야 하고, 밤에 활동하는 라쿤은 강제로 낮 동안 생활해야 해. 또 한정된 공간에 수백 종의 동물이 있다 보니 이들 각자에게 주어진 공간이 매우 좁은 것도 문제야. 좁은 철제 우리 안에 방치된 채 스트레스를 받은 동물들은 같은 장소를 빙빙 도는 등 의미 없는 행동을 반복하기도 해. 한편, 정서 발달과 교육을 목적으로 만들어진 작은 규모의 동물원과 야생 동물 카페도 많아지고 있어. 하지만 우후죽순 생겨나는 동물원은 제대로 관리되지 않는 경우가 많다고 해.

 동물원은 대체 누굴 위한 공간일까? 동물원의 주인은 동물원의 동물일까, 동물원에 방문하는 사람일까? 동물원을 사람들의 여가 장소로 여기는 사람들도 있지만, 동물원의 주인은 관람객이 아닌 그곳에 사는 동물이야. 관람객은 동물원의 손님일 뿐이지. 따라서 동물원은 동물들의 복지를 보장하고 욕구를 충족시키기 위한 **동물 맞춤형 환경**을 조성해야 해.

 독일 라이프치히 동물원은 침팬지와 오랑우탄의 우리를 실제 밀림처럼 꾸미고, 나무와 밧줄로 동물들이 놀 수 있는 공간을 만들었다고 해. 인위적으로 동물을 가두고 구경한다는 점은 다른 동물원과 다르지 않지만, 이곳에서 동물들은 마음만 먹으면 몸을 숨길 수 있고 풍부한 놀잇감을 가지

독일 라이프치히 동물원의 오랑우탄 우리

고 놀 수 있어. 먹이의 종류나 먹이를 주는 방식을 변화시키는 등 동물들이 자연스러운 행동을 할 수 있도록 다양한 행동 풍부화 프로그램도 실시하고 있지. 코끼리의 먹이를 나무에 매달아 놓거나 개미핥기의 먹이를 나뭇가지 속에 숨겨 놓는 방법을 사용하는 식이야.

물론 우리나라의 일부 동물원들도 동물 맞춤형 환경을 만들거나 다양한 행동 풍부화 프로그램을 운영하고 있어. 하지만 여전히 국내 대부분의 동물원이 동물을 전시하는 오락 위주의 쇼를 열기도 하지.

동물원의 진짜 주인을 위해 우리가 할 수 있는 일은 무엇일까? 동물원에 방문할 때 동물을 보고 만지는 것보다는 동물을 위해 무엇을 할 수 있는지 고민해 보는 것부터 시작하자. 예를 들어, 소리에 예민한 동물들을 위해 큰 소리를 내지 않고 소지품이나 음식을 우리에 떨어뜨리지 않게 조심하는 거야. 돌고래 쇼를 보지 않는 것도, 벨루가를 만지는 체험을 하지 않는 것도 동물을 위한 일이란다.

8. 교실을 비울 때

📌 빈 교실의 조명을 끄자

빈 교실에 전등을 켜 두는 건 에너지 낭비야. 학급별로 에너지 지킴이를 임명하여 이동 수업 시간에 조명을 껐는지 확인하고, 전등 스위치마다 소등 스티커를 붙이면 잊지 않고 교실의 조명을 끌 수 있어. 교실을 사용할 때도 밝은 낮에는 자연광을 최대한 활용하고, 햇빛이 잘 들어오는 창이나 복도 쪽 조명을 꺼서 에너지 낭비를 줄이자.

📌 전자 기기의 전원을 끄자

학교에서는 동영상, 사진 등의 학습 자료를 볼 수 있도록 텔레비전이나 전자 칠판을 사용하고 있어. 이런 전자 기기들은 모두 전력을 많이 소모해. 보통 교실에서는 뒷자리에 앉은 친구들까지 잘 볼 수 있도록 화면이 큰 텔레비전을 설치하는데, 텔레비전의 크기가 크면 클수록 사용하는 전력량이 많아져. 따라서 교실을 비울 때는 전자 기기의 전원을 꺼서 불필요한 에너지 소비를 줄이자.

📌 전자 기기의 대기 전력을 차단하자

전기를 사용하는 제품은 전원을 끈 상태라도 플러그가 콘센트에 꽂혀 있으면 일정량의 전력을 소비해. 그렇게 새어 나가는 전기를 '대기 전력'이라고 불러. 그러니 사용하지 않는 전자 기기는 콘센트에서 플러그를 꼭 뽑아 두자. 자주 사용하지 않거나 하루 중 잠깐만 사용하는 전자 기기는 사용 시간을 미리 확인하고, 상황에 따라 알맞은 대기 전력 차단 장치를 설치하여 관리하는 방법도 있어.

에너지 생산, 재생 에너지로 바꿔야 해!

반짝! 우리는 매일 밤낮으로 전기를 사용해. 그런데 우리의 삶을 편리하게 만들어 주는 전기가 기후 변화의 원인으로 지목되면서 기후 악당이라 불리고 있대. 전기는 왜 기후 변화를 일으키는 주범이라는 손가락질을 받고 있을까?

전기는 열에너지, 화학 에너지와 같은 다양한 에너지를 전기 에너지로 바꾸는 '발전'이라는 과정을 통해 만들어져. 2022년 통계에 따르면 우리나라의 에너지 발전은 석유 화학 발전이 60퍼센트를 차지하고 있어. 지금 우리가 사용하는 전기 에너지 대부분은 석탄, 석유, 천연가스 등의 화석 연료에서 나온다는 말이야. 하지만 화석 연료를 태울 때는 기후 변화의 가장 큰 원인인 이산화 탄소가 발생한다는 문제점이 있어. 이산화 탄소를 포함한 온실가스는 대기 중에 열을 가두어 지구를 덥게 만들거든. 이처럼 지구의 평균 온도가 높아지는 현상을 **지구 온난화**라고 해.

지구의 평균 온도가 상승하면 빙하가 녹고 해수면 높이가 올라가. 또한 폭염이나 폭우 같은 극한 기상 현상이 더 많아지고 더 세지기 쉬워. 이런 기후 변화를 일으키는 온실가스의 3분의 2 이상이 에너지 부문에서 배출되기 때문에 기후 변화에 대응하기 위해 에너지를 생산하고 소비하는 방식을 바꿔야 해. 온실가스 배출량을 줄이려면 에너지 소비 자체를 줄이는 것도 중요하지만, 에너지 생산 자원을 화석 연료 대신에 재생 에너지로 바꾸는 **에너지 전환**이 꼭 필요해.

재생 에너지란 햇빛, 바람, 물처럼 한 번 사용하고 나면 사용한 만큼의 양이 다시 자연적으로 생겨나는 에너지를 뜻해. 태양광 패널을 이용하여 햇빛을 전기로 바꾸거나 풍력 발전기를 돌려 바람으로부터 얻은 에너지를 전기로 바꾸는 방법이 대표적인 재생 에너지 발전이야. 재생 에너지로의 전환은 탄소 배출량을 줄이는 지름길이지. 유럽에서는 이미 풍력과 태양광 발전을 통한 전기 생산을 확대하여 2023년 전력 부문 탄소 배출량이 이전 해보다 24퍼센트 감소했다고 해.

에너지 전환은 에너지 종류만 바꾸는 게 아니라 에너지를 만드는 방법도 바꾸는 거야. 지금은 커다란 화력 발전소에서 만든 전기를 송전선을 통해 먼 지역까지 보내서 쓰고 있어. 앞으로는 전기가 필요한 곳에서 직접 전기를 생산할 수 있는 소규모 재생 에너지 발전소가 더 많아져야 해. 이런 변화는 발전소 때문에 생기는 지역 갈등을 줄이고, 전기가 먼 지역까지 이동하면서 소실되는 것도 막을 수 있어.

서울 동작구 상도동에 위치한 마을 성대골은 시민들이 모여 에너지 전환 운동을 활발하게 벌이는 **에너지 자립 마을**로 유명해. 절전소를 운영해 에너지 사용량을 모니터링하며 에너지 소비를 줄이는 일을 시작으로, 이제는 태양광 발전 시

설을 설치하고 그곳에서 전기를 모아 공급하는 사업을 운영하고 있어. '시민으로부터 시작한' 에너지 전환이라는 점에서 본받을 만한 점이 많아.

　우리는 에너지 덕분에 일상생활과 경제 활동을 할 수 있어. 에너지 문제에 적극적으로 참여하는 '에너지 시민'이 되어 친구들과 함께 에너지 전환의 중요성을 알리는 캠페인을 해 보자. 또 재생 에너지를 이용한 서비스를 기업이나 정부에 직접 요구할 수도 있어. 이런 것들이 모두 에너지 시민으로서 우리가 할 수 있는 소중한 일이란다.

도전하자! 환경 보호 챌린지

📌 **줍깅 챌린지**

길가에 떨어진 쓰레기는 보기에도 좋지 않을 뿐 아니라, 그대로 두면 토양과 물, 그리고 생태계를 오염시킬 수 있어. 우리 함께 줍깅 챌린지에 도전해 보는 건 어때? 줍깅은 쓰레기를 줍는다는 뜻의 '줍다'와 가볍게 달린다는 뜻의 '조깅(jogging)'을 합친 말이야. 쓰레기를 주우면서 산책하거나 가볍게 달리는 활동이지.

준비물은 간단해. 쓰레기를 담을 비닐봉지와 장갑만 있으면 되거든. 처음에는 잘 보이지 않더라도 주의 깊게 살펴보면 생각보다 많은 쓰레기를 발견하게 될 거야. 줍깅을 하면서 내 주변 환경을 깨끗하게 만들고, 운동과 환경 보호를 동시에 실천해 보자. 친구나 가족과 함께 한다면 더 즐겁고 안전하게 할 수 있을 거야.

📌 용기내 챌린지

일회용품 대신 다회용기나 개인 텀블러를 사용하는 용기를 내 보자. 예를 들어, 장을 보러 갈 때는 장바구니를 챙기고, 음식을 포장할 때는 집에서 가져간 다회용기를 사용하면 일회용품 사용을 많이 줄일 수 있어. 우리는 재활용(recycling)이 플라스틱 문제를 해결하는 좋은 방법이라고 생각하지만, 알고 보면 재활용되는 플라스틱은 전체의 약 9퍼센트밖에 안 돼. 그래서 이제는 쓰레기의 양을 처음부터 줄이는 재사용(reuse)이 더 중요해졌어.

다회용기를 여러 번 사용하는 것, 이것만으로도 플라스틱 쓰레기를 줄일 수 있는 지속 가능한 실천 방법이란다. 조금 귀찮고 부끄러워도 '용기'를 내서 컵이나 통 같은 '용기'를 내미는 용기내 챌린지에 함께 참여해 보자.

📌 채식 한 끼 챌린지

고기가 채소보다 환경에 더 큰 부담을 준다는 걸 알고 있니? 고기를 만들 때는 채소를 기를 때보다 훨씬 많은 온실가스가 나오거든. 하지만 우리가 일주일에 한 번만이라도 고기 없는 식사를 하면, 1년에 무려 15그루의 나무를 심는 것과 같은 효과를 낼 수 있어.

사실 채식은 어렵지 않아. 우리가 자주 먹는 비빔밥, 김밥, 된장찌개, 파스타에 고기나 햄 대신 버섯, 두부, 나물만 넣으면 멋진 채식 음식이 될 수 있어. 이번 주부터 가족과 함께 채식 한 끼 챌린지에 도전해 볼래? 일주일에 한 끼만이라도 고기 없는 식사를 하는 거야.

3장

언제 어디서나 지켜요!

1. 장을 볼 때

📌 구입할 물건 목록을 적어 보자

장을 보러 갔다가 할인을 해서 혹은 예뻐 보여서 물건을 사 본 적 있니? 충동적으로 사다 보면 먹지 않고 버리는 음식이 생기거나, 구입한 물건을 사용하지 않고 집에 그냥 두는 경우가 많아. 불필요한 소비를 하지 않으려면 장을 보러 가기 전에 구매할 목록을 먼저 적어 보자. 꼭 필요한 물건만 사면 버려지는 쓰레기를 줄일 수 있을 거야.

📌 장바구니를 챙기자

물건을 살 때 담아 주는 비닐봉지는 오랜 시간 썩지 않고 땅을 오염시켜. 장을 볼 때 장바구니를 가지고 다니면 비닐봉지 사용을 줄일 수 있어. 장바구니가 필요하다면 새것을 사는 것보다 집에 있는 천 가방을 활용해 보자. 꼭 사야 한다면 헌 옷이나 헌 우산 등을 업사이클링해서 만든 장바구니를 찾아보면 좋겠지?

📌 친환경 제품을 선택해 보자

환경부에서는 물건을 만들고 버려지는 과정에서 오염을 적게 일으키거나 자원을 절약한 제품을 친환경 제품으로 인증해 주고 있어. 같은 기능의 물건이라도 친환경 인증 제품을 사용하면 환경을 지키는 데 도움이 되겠지? 이런 제품들에는 인증 마크가 붙어 있으니까 장을 볼 때 잘 확인해서 친환경 제품을 골라 보자.

탄소 발자국을 줄이는 로컬 푸드

 마트나 시장에 가면 풍성한 먹거리가 진열되어 있는 걸 볼 수 있어. 우리나라 지역 곳곳에서 나는 식재료는 물론이고 칠레에서 온 포도, 뉴질랜드에서 온 키위, 노르웨이에서 온 고등어같이 다른 나라에서 온 먹거리도 쉽게 구할 수 있어. 예전에는 쉽게 볼 수 없었던 여러 지역과 다양한 나라의 음식을 맛볼 수 있는 세상이야. 그런데 이렇게 풍성한 먹거리에 불편한 진실이 숨어 있다는 것을 알고 있니?

 모든 식품은 우리 식탁에 오르기까지 생산, 운송, 포장 등 여러 과정을 거친단다. 그리고 이 과정에서 지구를 뜨겁게 만드는 온실가스를 배출하고 있지. 제품을 만들고 운송하고 소비할 때까지 발생하는 온실가스의 총량을 **탄소 발자국**이라고 해. 해외에서 수입하거나 멀리 떨어진 곳에서 온 식품들

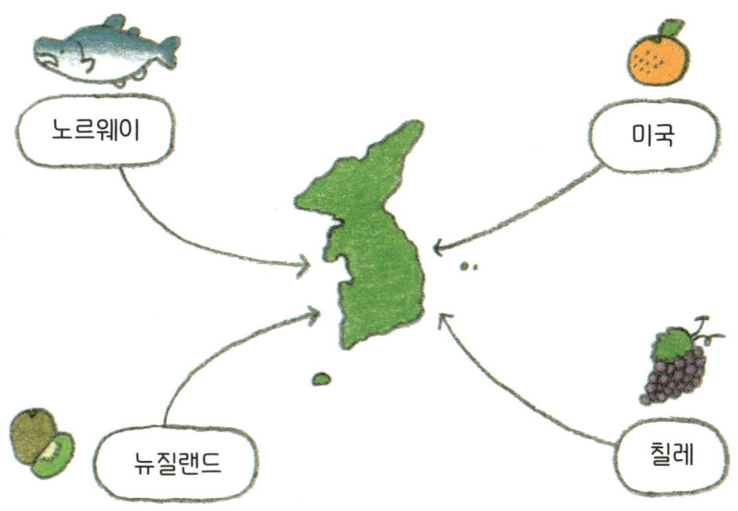

은 이동하는 거리가 긴 만큼 탄소 발자국을 많이 남기겠지? 그뿐만 아니라 멀리서 온 식품들은 신선도를 유지하기 위해서 살충제나 방부제가 사용돼. 살충제나 방부제는 세척해도 남아 있는 경우가 많기 때문에 우리가 섭취할 위험이 있어.

먹거리에 의한 탄소 배출 문제를 심각하게 바라본 영국의 소비자 운동가 팀랭(Tim Lang)은 푸드 마일이라는 개념을 소개했어. **푸드 마일**이란 식품이 만들어지고 우리 식탁에 오르기까지 이동하는 과정에서 소요된 거리를 계산한 거야. 앞서 말한 탄소 발자국처럼 식품이 이동한 거리가 길수록 푸드 마일이 높아져. 그러니까 내가 사는 지역보다는 다른 지역에서 생산된 식품이, 우리나라보다는 외국에서 생산된 식품이 푸드 마일이 높겠지?

반대로 내가 사는 지역에서 난 농산물을 뜻하는 **로컬 푸드**는 식탁에 오르기까지 식품이 이동한 거리가 짧은 만큼 탄소 배출이 적어. 이동 과정이 짧으니까 신선하게 먹을 수 있다는 장점도 있지. 그러니 지구도 지키고 내 건강도 지키기 위해서는 로컬 푸드를 이용하는 게 좋아.

로컬 푸드는 전통 시장에서 쉽게 만날 수 있어. 직접 재배한 농산물을 가지고 와서 파는 상인들이 많거든. 다른 방법

서울 동대문구에 위치한 전통 시장 경동시장

으로는 대형 마트의 로컬 푸드 코너를 이용하거나 로컬 푸드만 판매하는 직매장을 이용하는 방법도 있어. 인터넷에서 '로컬 푸드 매장'을 검색하면 집에서 가까운 매장을 찾아볼 수 있지.

집에서 직접 채소를 길러 먹는 것도 푸드 마일을 줄일 수 있는 좋은 방법이야. 고추, 대파, 상추 같은 기르기 쉬운 채소를 재배하면 매장까지 사러 가는 수고도 덜고 탄소 배출도 훨씬 많이 줄일 수 있어. 신선한 채소를 먹을 수 있으니까 건강에도 좋지.

멀리서 온 식품들은 지구 건강에도 해롭고 우리 건강에도 좋지 않아. 대신 우리 지역에서 나는 신선한 식품을 이용해 보자. 오늘은 로컬 푸드로 차린 건강한 식사를 해 보는 건 어떨까?

2. 이동할 때

드디어 다 읽었다! 오늘이 딱 반납일이네.

도서관까지 걸어가는 건 힘든데….

그렇다고 버스를 타기엔 가깝고…. 앗, 저기 자전거를 타 볼까?

어떤 교통수단을 이용할지 고민돼.

📌 가까운 거리는 걸어서 이동하자

자동차가 내뿜는 배기가스에는 지구를 뜨겁게 만드는 온실가스가 들어 있어. 따라서 온실가스 배출을 줄이려면 가까운 거리는 걸어 다니는 게 좋아. 평소에 무심코 지나쳤던 식물을 관찰하거나 재미있는 가게를 구경하면서 걷다 보면 어느새 목적지에 도착해 있을 거야.

📌 자전거를 타자

자전거를 타고 달리다 보면 기분이 정말 상쾌해져. 자전거는 여가 활동을 즐기는 수단이자 친환경 교통수단이기도 해. 화석 연료를 이용해서 움직이는 자동차에 비해 다리의 힘으로 움직이는 자전거는 탄소를 배출하지 않거든. 걸어가기에 먼 거리라면 자전거를 타고 가 보자.

📌 대중교통을 이용하자

아주 먼 거리를 이동할 때는 대중교통을 이용하자. 대중교통은 여러 사람이 함께 이용하는 버스, 지하철, 기차 등의 교통수단을 말해. 대중교통을 이용하면 개인용 자동차를 탈 때보다 에너지도 절약하고 탄소 배출도 줄일 수 있어. 내가 사는 지역 안에서는 시내버스나 지하철을 이용하고, 지역을 벗어날 때는 고속버스나 기차를 이용해 보자.

전기 자동차는 친환경 교통수단일까?

우리가 음식을 통해서 힘을 얻는 것처럼 대부분의 자동차는 화석 연료인 석유를 통해서 힘을 얻어. 화석 연료로 움직이는 자동차는 이산화 탄소, 일산화 탄소 같은 온실가스와 여러 유해 물질이 담긴 배기가스를 배출해. 이 때문에 자동차는 기후 변화와 미세 먼지를 일으키는 원인으로 손꼽혀.

지금 세계 각국은 화석 연료로 움직이는 내연 기관 자동차*를 퇴출하기 위한 방침을 세우고 있어. 유럽 연합은 2035년부터 이산화 탄소를 배출하는 자동차를 팔지 못하도록 법을 제정했어. 즉, 휘발유와 경유로 움직이는 자동차를 없애겠다는 뜻이지. 유럽 연합 외에도 영국, 캐나다, 이스라엘, 싱

*내연 기관 자동차: 연료를 연소시켜서 나오는 열과 에너지로 움직이는 자동차.

가포르 등의 나라도 내연 기관 자동차 판매를 금지할 계획을 세우고 있어. 이에 비해 우리나라는 아직 내연 기관 자동차에 대한 규제를 마련하지 않은 상황이야.

혹시 석유 대신 전기로 가는 자동차가 있다는 거 알고 있니? **전기 자동차**는 전기 에너지로 움직이기 때문에 석유를 사용하는 자동차처럼 배기가스를 배출하지 않아. 배기가스를 배출하지 않는 차라니, 기후 변화를 막기 위한 아주 좋은 방법이라는 생각이 들지 않니?

그래서 최근 들어 세계 자동차 시장에서 전기 자동차가 주목받고 있어. 미국에서는 2032년까지 신차의 67퍼센트를 배터리로만 움직이는 전기 자동차로 대체하는 방안을 발표하기도 했어. 한편, 우리나라에서는 2030년까지 전기 자동차를 420만대까지 늘리겠다는 목표를 세우고, 전기 자동차를 구입하는 사람들에게 지원금을 주고 있지. 이렇듯 전기 자동차 비중을 늘리기 위해 각국에서 많은 노력을 기울이고 있어.

그런데 잠깐! 생각해 볼 게 있어. 휴대폰 배터리가 다 되면 충전을 해서 사용하는 것처럼 전기 자동차도 방전되지 않도록 배터리를 채워 주어야 해. 그렇다면 전기 자동차를 움직이는 전기는 어디에서 어떻게 만들어지는 걸까?

우리가 현재 사용하는 전기의 대부분은 화석 연료 발전과 원자력 발전으로 얻고 있어. 이에 비해 온실가스 배출이 극히 적은 재생 에너지의 발전 비율은 2024년 기준으로 10퍼센트를 겨우 넘기는 수준이야. 즉, 현재 사용되는 전기 자동차는 진정한 의미의 친환경 교통수단이라고 하기는 힘들지.

전기 자동차가 진정한 친환경 자동차가 되려면 재생 에너지를 통한 전기 생산의 비율을 늘려야 해. 재생 에너지 비율이 높아지는 만큼 전기 자동차는 탄소 배출이 거의 없는 진짜 친환경 자동차가 될 수 있을 거야.

배터리를 충전하고 있는 전기 자동차

그렇다면 우리는 무엇을 할 수 있을까? 자동차는 결국 화석 연료로 움직이는 만큼 친환경 이동 수단을 이용하는 것이 중요해. 가까운 거리는 걸어서 가고, 먼 거리는 자전거나 대중교통을 이용하자. 그리고 우리 주변에 어떤 재생 에너지가 있는지 찾아보고 관심을 기울이는 것도 좋은 방법이야. 우리의 실천과 관심이 이어지면 친환경 전기로 달리는 자동차가 점점 많아질 거야.

3. 공원에 놀러 갈 때

📌 식물은 눈으로 감상하자

식물도 살아 있는 생명이라는 사실, 잘 알고 있지? 특히 꽃을 꺾어 버리면 열매를 맺지 못하고 씨앗을 퍼트릴 수 없게 돼. 생명을 존중하는 마음으로 식물은 눈으로만 감상하자. 꼭 식물을 간직하고 싶다면 그림을 그리거나 사진을 찍어 두는 건 어떨까?

📌 처음 보는 식물의 이름을 찾아보자

공원에 있는 식물을 관찰하다 보면 처음 보는 식물들이 보일 거야. 그럴 땐 스마트폰으로 사진을 찍고 포털 사이트의 이미지 검색 서비스를 이용해 어떤 식물인지 찾아보자. 식물이나 꽃의 이름, 꽃말, 개화 시기 같은 정보를 알고 나면 낯설었던 식물도 특별한 존재로 다가올 거야. 더 나아가 생명을 아끼고 환경을 생각하는 마음도 키울 수 있지.

📌 공원에 버려진 쓰레기를 줍자

쓰레기는 공원의 아름다운 풍경을 해칠 뿐만 아니라 땅을 오염시켜. 이곳저곳에 버려진 쓰레기를 주워서 환경도 보호하고 쾌적한 공원을 만들어 보자. 달리면서 쓰레기를 줍는 '줍깅'을 친구들과 함께해 보는 것도 좋은 방법이야. 건강도 지키고 환경을 지키는 보람도 느낄 수 있어.

공원이 도시를 시원하게 만든다고?

 도시에 사는 사람들은 여름 휴가철이 다가오면 더위를 피해 산이나 바다로 떠나곤 해. 시원한 산 공기를 마시거나 바닷물에 몸을 담그면 더위가 한결 가시는 기분이 들어. 그런데 산이나 바다와 달리 도시는 왜 유독 더운 걸까?

 도시는 사람들이 많이 모여 사는 만큼 에너지를 많이 사용하기 때문에 이산화 탄소 같은 온실가스를 많이 배출해. 거기다가 높은 건물이 빽빽하게 들어차 있어서 열이 도시 밖으로 빠져나가기가 어려워. 그래서 도시는 여름에 더 뜨겁고 열사병이나 일사병 등 온열 질환 환자가 많이 생기지. 또 여름이면 밤의 가장 낮은 기온이 섭씨 25도 아래로 내려가지 않는 열대야 때문에 잠 못 이루는 날들도 자주 찾아와.

 하지만 찜통 같은 도시를 시원하게 해 주는 곳이 있으니

바로 공원이야. 공원에 있는 식물, 호수, 연못 등은 온실가스인 이산화 탄소를 흡수해서 도시 기온을 낮춰 주는 역할을 해. 한 연구 결과에 따르면 공원 주변의 온도가 도심지에 비해 2.9도 낮게 측정됐다고 해. 이 밖에도 공원은 대기 오염 물질을 줄여 주고 주변 소음도 흡수해 주는 역할을 하고 있어. 또한 도심 속 공원은 시민들이 휴식과 여가를 즐길 수 있는 공간이 되어 주기도 해.

도시의 기온을 낮춰 주는 건 공원뿐만이 아니야. 대형 건물 옥상에 식물을 심어서 정원을 가꾼 모습을 본 적이 있을

서울 송파구에 위치한 올림픽공원

거야. 이런 **옥상 정원**도 도시의 기온을 낮추는 데 한몫하고 있어. 정원이 온실가스를 흡수하고 햇빛을 반사해서 실내 온도를 낮춰 주거든. 길가에 심어진 가로수도 마찬가지야. 산림청에서 실시한 실험에 따르면 자동차가 다니는 길과 가로수가 있는 길의 온도 차가 23도나 나는 걸로 나타났어. 나무가 있는 것과 없는 것의 차이가 기온에 미치는 영향이 크다는 걸 알 수 있지.

이렇듯 도시에 조성된 녹색 공간은 탄소를 흡수해 도시의 기온을 낮추고, 대기 오염 물질과 주변 소음까지 흡수해 주

건물 옥상에 식물을 심어 가꾼 옥상 정원

고 있어. 쾌적한 환경을 위해 공원은 도시에 꼭 필요한 공간이라고 할 수 있지.

하지만 지금 도시는 녹색 공간을 확보하기가 점점 어려워지고 있어. 도시를 무분별하게 개발하고 확장하고 있기 때문이야. 게다가 도시의 자연 경관을 보호하고 시민의 건강을 위해 지정해 둔 도시공원이 '도시공원 일몰제'로 인해 사라질 위기에 처했어. 도시공원 일몰제란 공원으로 만들기 위해 지정해 놓은 땅을 20년간 공원으로 조성하지 않을 경우에 그 지정을 해제하는 것을 말해. 이 때문에 우리나라 도시공원의 46퍼센트가 공원에서 해제될 위기에 처했다고 해.

도심 속 녹색 공간을 지키기 위해서 우리는 무엇을 할 수 있을까? 내가 사는 곳에 공원이 어디에 있는지, 또 얼마나 있는지 찾아보자. 그리고 가까운 공원부터 방문해 보는 거야. 사람들이 공원을 많이 찾을수록 공원이 사라지는 일을 막을 수 있어. 물론 공원을 깨끗하게 이용하는 건 당연하겠지?

4. 바다에 놀러 갈 때

바다다!

햇빛이 따가우니까 몸에 선크림을 발라야지.

와, 신난다!

잠깐! 자외선 차단제를 바르고 바다에 들어가면 안 돼!

바다에 들어갈 때 선크림을 바르면 안 된다고?

📌 유해 성분이 없는 선크림을 사용하자

선크림이 바다에 사는 생물들에게 영향을 준다는 사실을 알고 있니? 선크림 속 옥시벤존과 옥티노세이트 성분이 바다에 녹으면서 물고기의 호르몬을 교란하고 산호초의 백화 현상을 일으킨다고 해. 바다에서 선크림을 사용할 때는 유해 성분이 없는 리프 프렌들리(Reef Friendly) 제품을 사용하거나 따가운 햇빛을 가릴 수 있는 래시 가드를 입자.

📌 해양 생물을 잡지 말자

바다에서 놀다 보면 조개나 게, 작은 물고기 같은 해양 생물을 만나는 경우가 있어. 다양한 동식물이 숲을 풍요롭게 해 주듯이 다양한 바닷속 생물들은 건강한 바다 생태계를 만들어 주지. 단지 신기하거나 재밌어 보인다는 이유로 해양 생물을 잡기보다는 생명을 존중하는 마음으로 눈으로만 보고 아껴 주자.

📌 비치 코밍을 해 보자

바다 쓰레기는 파도를 타고 해변으로 떠밀려 오기 때문에 해변가는 쓰레기로 몸살을 앓고 있어. 이 문제를 해결하기 위한 방법 중 하나인 비치 코밍은 해변(beach)을 빗질(combing)한다는 뜻으로, 해변가에 있는 쓰레기를 주워 깨끗하게 만드는 활동이야. 비치 코밍으로 모은 쓰레기를 이용해서 예술 작품을 만들거나 공예품을 만들어 파는 사람들도 있어. 바다에 놀러 갈 때는 비치 코밍을 해 보는 건 어때? 그렇게 모은 재료들로 나만의 예술 작품을 만들어 보자.

기후 변화를 막는 김 이야기

우리나라 사람들이 즐겨 먹는 김이 최근 해외에서도 큰 사랑을 받고 있어. 덕분에 김 수출량이 많이 늘었다고 해. 김은 네모난 모양에다 반도체 못지않은 수입까지 안겨 줘서 '검은 반도체'라고도 불린대.

그런데 혹시 그거 알아? 김이 기후 변화를 막는다는 사실! 김이 어떻게 기후 변화를 막느냐고? 지금부터 김 한 장에 들어 있는 재미있는 이야기를 들려줄게.

김은 바다에 사는 해조류의 일종이야. 미역, 다시마, 감태 등이 해조류에 속하지. 해조류는 대기 중의 이산화 탄소를 흡수하는데, 그 양이 나무가 흡수하는 것보다 무려 50배나 더 많다고 해. 2021년, 미국 항공 우주국(NASA)이 우리나라 완도군에 있는 김 양식장의 인공위성 사진을 소개하면서

전라남도 완도군의 김 양식장

김이 온실가스를 흡수한다는 설명을 덧붙여 주목을 끌기도 했어.

이렇게 해조류처럼 탄소를 흡수하는 해양 생태계를 **블루 카본(Blue Carbon)**이라고 해. 블루 카본은 탄소 흡수 속도가 육지보다 50배 이상 빠르고 탄소를 오랫동안 저장할 수 있어. 이런 이유로 블루 카본이 기후 변화의 중요한 대응책으로 떠오르고 있지. 특히 세계 5대 갯벌로 손꼽히는 우리나라 갯벌은 한 해 동안 무려 약 48톤의 온실가스를 흡수한다고 하니 정말 대단하지?

그런데 아쉽게도 기후 변화에 관한 정부 간 협의체인 IPCC에서는 블루 카본의 주요 흡수원으로 맹그로브, 염생 습지, 해초만을 인정하고 있어. 하지만 막대한 양의 탄소를 흡수하고 바다 사막화를 예방하는 데 큰 역할을 하는 해조류와 갯벌도 조만간 블루 카본으로 인정받을 날이 올 거야.

한편, 해조류는 바다 사막화 현상과도 밀접하게 관련되어 있어. 육지의 사막이 물이 부족해서 생긴다면 **바다 사막화**는 기후 변화로 인해 생겨나는 현상이야. 바닷물에 녹아 있던 석회 성분이 바닷물의 온도가 높아지면서 바위나 바닥에 하

전라남도 신안군에 위치한 신안갯벌

얇게 달라붙게 돼. 그렇게 되면 해조류는 살 곳을 잃게 되고, 바다는 점점 생물이 살아가기 힘든 환경이 되면서 사막처럼 황폐해지는 거야.

해조류는 바다 사막화로 인해 피해를 입기도 하지만, 반대로 바다 사막화를 막아 주기도 해. 해조류는 온실가스를 흡수할 뿐만 아니라 바다 생태계를 건강하게 하는 중요한 존재거든. 나무와 풀이 모여 있는 숲이 생물 다양성을 풍부하게 만드는 것처럼 바다에서는 해조류가 숲의 역할을 하고 있어. 바다숲은 해양 생물들에게 산소를 공급해 주고, 먹이를 주고, 새끼를 낳고 기를 수 있는 보금자리가 되어 준단다.

우리나라에서는 바다숲의 중요성을 알리기 위해서 매년 5월 10일을 '바다 식목일'로 지정하고, 바닷속에 해조류를 심는 바다숲 조성 사업을 벌이고 있어. 덕분에 우리나라 연안 곳곳에 바다숲이 만들어지고 있지.

김 한 장에 담긴 이야기를 들어 보니 어때? 이제부터 밥상에 올라온 김을 본다면 이전과는 다르게 보일 거야.

5. 등산할 때

가을 산행은 처음이야!

도토리 주워 가지 마세요.

어, 저게 뭐지?

등산할 때도 지켜야 할 규칙이 있는 걸까?

📌 등산로만 이용하자

정해진 등산로를 벗어나서 산을 오르내리면 식물이 망가져 더는 자라지 못하게 되거나 동물들의 보금자리를 훼손할 수 있어. 게다가 야생 동물을 마주치는 위험한 상황에 처할 수도 있지. 산은 동식물들이 살아가는 소중한 삶의 터전이야. 산을 오를 때는 생명을 존중하는 마음가짐으로 정해진 등산로만 이용하자.

📌 식물이나 열매를 채취하지 말자

등산을 하면서 나물을 캐거나 도토리 같은 열매를 주워 가는 사람들이 있어. 이런 행동은 자연을 훼손할 뿐만 아니라 산에 사는 동물들의 생존을 위협하기도 해. 산에서 나는 식물과 열매는 동물들의 소중한 먹이거든. 산에서 먹이를 구하지 못한 야생 동물들이 인근 마을에 내려와서 농작물을 망쳐 놓거나 주민들을 위협하기도 한다니 더더욱 주의해야겠지?

📌 산에서 큰 소리를 내지 말자

힘들게 올라간 산꼭대기에서 '야호!' 하고 외치는 모습을 상상해 본 적 있니? 하지만 이렇게 큰 소리가 동물들에게는 스트레스가 된다는 사실! 야생 동물들은 청각이 예민해서 소음이 발생하면 스트레스를 받는다고 해. 이 때문에 새끼를 버리거나 서식지를 옮기기도 하고, 겨울잠을 자는 동물이 깨기도 한대. 구조를 요청해야 하는 상황이 아니라면 산에서는 큰 소리를 내지 않도록 하자.

에베레스트산은 쓰레기로 몸살 중

세계에서 가장 높은 산인 **에베레스트산**은 높이가 8848미터에 이른대. 세계 최고봉인 에베레스트는 산악인이라면 누구나 오르고 싶어 하는 산이야. 그래서 매년 6만여 명의 등산객이 방문할 정도로 많은 사람이 에베레스트를 찾고 있어.

그런데 이렇게 높은 산 위에 쓰레기가 잔뜩 쌓여 있다면 믿을 수 있겠니? 에베레스트는 지금 쓰레기로 몸살을 앓고 있다고 해. 산악인들이 들고 갔던 텐트, 그릇과 숟가락 같은 식기류를 비롯해 산소통이나 배설물까지 그대로 버리고 가는 바람에 산에 쓰레기가 쌓여 있다는 거야. 이 때문에 세계에서 가장 높은 쓰레기장이라는 불명예를 얻기도 했어.

네팔 정부는 매년 5월 29일을 **'세계 에베레스트의 날'**로 지정하고, 에베레스트산의 쓰레기 문제를 해결하기 위해 2019년부터 매년 청소 캠페인을 열어 쓰레기를 수거하고 있어. 2022년에 두 달 동안 모은 쓰레기 양만 해도 무려 33.8톤이나 되었다고 해. 최근 중국에서는 드론을 이용해서 에베레스트산에 있는 쓰레기를 수거하기도 했어. 하지만 에베레스트산을 오르는 산악인이 워낙 많아서 쓰레기가 계속 생기고, 그동안 쌓인 쓰레기의 양이 어마어마해서 아직도 남은 쓰레기가 많다고 해.

쓰레기 문제를 근본적으로 해결하기 위해서 네팔 정부는 여러 가지 노력을 하고 있어. 에베레스트 방문객에게 보증금

에베레스트 베이스캠프에 설치된 텐트

4000달러(약 528만원)를 내도록 하고, 1인당 8킬로그램 이상의 쓰레기를 가지고 산을 내려오면 돈을 돌려주는 제도를 운영하고 있지. 게다가 2020년부터는 두께가 0.03밀리미터 미만인 모든 플라스틱 제품은 사용하지 못하도록 금지하고 있어. 네팔의 호텔 협회에서는 2024년 12월부터 호텔 안에서 칫솔, 물병, 빨대와 같은 플라스틱 물품의 사용을 금지하겠다고 발표하기도 했어.

산을 보호하는 일은 높고 유명한 산에만 해당하는 이야기가 아니야. 평소에 자주 가는 동네의 작은 산이나 이웃 지역의 산을 이용할 때도 쓰레기 문제를 고민해야 해.

산에 갈 때는 무겁다는 이유로 편하게 쓰고 버리는 일회용품을 챙기기가 쉬워. 그보다는 꼭 필요한 물건만 가져가서 짐을 줄이고, 여러 번 사용할 수 있는 다회용품을 챙기자. 한 가지 더, 산에 버린 쓰레기는 땅을 오염시키고 야생 동물들이 무심코 삼킬 수도 있어. 그러니까 등산하다가 내가 머물렀던 곳에 남겨진 쓰레기나 음식물이 있는지 꼭 확인하고 되가져 오자.

등산을 하면서 자연을 느끼는 것도 산을 사랑하는 한 방법이지만, 그보다 더 중요한 건 산을 아끼고 존중하는 태도야.

되도록 우리의 흔적을 남기지 않는 것. 이것이 진짜 산을 사랑하는 방법이 아닐까?

6. 날씨가 더울 때

📌 옷과 물로 몸을 시원하게 하자

여름철에 시원한 옷을 입는 건 에너지 절약을 위한 좋은 방법이야. 공기가 잘 통하고 시원한 소재로 만든 옷을 입으면 체감 온도가 낮아져서 에어컨 사용을 줄일 수 있어. 그리고 물을 자주 마셔서 몸에 수분을 보충하는 것도 잊지 말자. 몸에 수분이 부족하면 체온 조절이 어려워지거든. 시원한 옷차림과 충분한 수분 섭취로 건강한 여름을 보내자.

📌 냉장고 문을 자주 여닫지 말자

냉장고는 항상 적정 온도를 유지해야 하기 때문에 문을 자주 여닫을수록 전기 에너지를 많이 사용하게 돼. 시원한 물을 자주 찾게 되는 여름에는 보온병을 이용해 보자. 보온병에 시원한 물을 담아 두었다가 마시면 냉장고 문을 여는 횟수를 줄일 수 있어. 냉장고 문을 열어야 한다면 필요한 것만 빨리 찾아서 꺼내고 문을 꼭 닫아 두자.

📌 선풍기를 사용하자

에어컨 한 대는 선풍기 30대 만큼의 전력을 소비한다고 해. 날씨가 덥다고 바로 에어컨을 켜기보다는 선풍기를 사용해 보자. 너무 더운 날씨를 제외하고는 선풍기만 사용해도 더위를 충분히 식힐 수 있어. 에어컨을 켜야 한다면 여름철 실내 적정 온도인 26~28도로 설정하고, 선풍기를 함께 사용하자. 선풍기 바람 때문에 에어컨의 냉기가 골고루 퍼지면서 설정 온도를 낮추지 않아도 실내를 시원하게 유지할 수 있을 거야.

지금은 지구 열탕화 시대!

"지구 온난화 시대는 끝났다. 이제 지구 열탕화 시대가 시작됐다." 이 말은 지난 2023년, 안토니우 구테흐스 유엔 사무총장이 한 말이야.

지구 열탕화(Global Boiling)란 지구가 끓는다는 뜻으로, 지구가 따뜻해진다는 뜻의 지구 온난화(Global Warming)라는 용어를 대신해서 내놓은 말이야. 온실가스로 인해 지구의 평균 온도가 올라가서 점점 따뜻해진다는 의미로 사용하는 지구 온난화라는 말은 아주 익숙할 거야. 하지만 이제 지구는 펄펄 끓을 정도로 뜨거워졌어. 지구 열탕화는 날로 심각해지는 지구의 상황을 제대로 나타내기 위해 만든 새로운 용어지.

2015년 파리 기후 협약에서는 산업화 이전 대비 지구 평균 기온의 상승 폭이 섭씨 1.5도를 넘지 않도록 노력하기로 합

의했어. 지구의 평균 온도가 1.5도 이상 올라가면 달라진 기후로 인해서 생태계 파괴와 식량 부족 문제 등이 심각한 수준에 이를 거라고 판단했거든. 1.5도는 지구가 이전으로 절대 돌아갈 수 없는 기준점인 셈이야.

그런데 놀랍게도 세계 기상 기구(WMO)는 2024년 한 해 동안의 지구 평균 온도가 산업화 이전보다 1.5도를 넘어섰다고 발표했어. 다행히 이는 단기적인 현상으로 실제로는 1.3도 오른 것으로 추정하고 있지. 하지만 현재 속도대로라면 빠르면 2030년 전에 지구 평균 기온의 상승 폭이 1.5도를 넘어설 거라는 전망이 나오고 있어. 그만큼 우리는 꽤 심각한 상황에 처한 거야.

지구의 기후는 항상 변해 왔어. 기후가 변화했기 때문에 지구에 생명체가 나타났고, 인류가 농사를 짓고, 문명도 발전시킬 수 있었지. 그동안 기후가 아주 천천히 변했기 때문에 생물들은 변화하는 기후에 적응하면서 살아왔어. 하지만 지난 1만 년 동안 지구의 평균 온도가 4~5도 상승한 것과 달리 최근 100년 동안에는 무려 1도가 상승했지.

이렇게 급속한 기후 변화로 인해서 세계 곳곳에 극단적인 기상 이변이 일어나고 있어. 최근 몇 년 동안 유럽, 아시아,

중동 지역 등 많은 곳이 폭염 피해를 입었는데 2022년에는 유럽에서만 6만여 명이 극심한 더위 때문에 사망했다고 해. 기후 변화로 날씨가 건조해지면서 산불도 자주 발생했지. 2019년에 6개월 동안 꺼지지 않았던 호주 산불을 비롯해서 캐나다, 미국, 스페인 등도 산불로 인해 큰 피해를 입었어.

이 밖에도 더 빈번하고 강하게 찾아오는 홍수, 폭설, 폭우, 가뭄, 태풍 등으로 수많은 재산 피해와 인명 피해가 이어지고 있어. 해수면 상승으로 인해 투발루, 키리바시, 나우루, 몰디브 등 섬나라는 물론이고 여러 해안 도시가 바다에 잠겨

호주에서 발생한 산불을 피해 탈출한 캥거루의 모습

사라질 위기에 처했어. 이 때문에 기후 변화는 기후 위기를 넘어 **기후 재앙**이라는 말까지 나오고 있지.

  기후 변화를 늦추기엔 이미 늦은 걸까? 아니, 아직 기회가 남아 있어. 우리에게 두 가지 선택지가 있거든. 하나는 지금처럼 많은 온실가스를 배출하면서 편리하게 살다가 지구를 더 이상 생명이 살 수 없는 곳으로 만드는 삶. 다른 하나는 조금 불편한 생활을 해야 하지만 온실가스 배출을 최소한으로 줄여서 기후 변화를 늦추는 지속 가능한 삶. 미래는 우리의 선택에 달려 있어. 넌 어떤 선택을 할래?

7. 날씨가 추울 때

📌 외출할 때 보일러는 '외출 모드'로 바꾸자

겨울철에 집을 비우고 나갈 때는 보일러를 '외출 모드'로 설정하자. 보일러를 껐다가 켜면 그동안 낮아진 실내 온도를 다시 높여야 하기 때문에 에너지가 훨씬 많이 필요해. 그래서 외출할 때는 보일러를 아예 끄는 것보다는 외출 모드로 두고 온도를 일정하게 유지하는 게 좋아. 에너지를 절약할 수 있는 건 물론이고, 난방비 절약에 동파 예방까지 할 수 있으니 일석삼조라고!

📌 옷을 따뜻하게 챙겨 입자

겨울에 보일러를 세게 틀고서는 마치 여름처럼 반팔과 반바지 차림으로 지내는 모습은 어딘가 이상하지 않니? 보일러 온도는 겨울철 실내 적정 온도인 18~20도에 맞춰 두고, 내복을 입어서 몸을 따뜻하게 하자. 여기에 양말과 슬리퍼까지 신으면 훨씬 더 따뜻할 거야. 옷을 따뜻하게 챙겨 입는 것만으로도 온실가스를 줄일 수 있다는 사실, 잊지 마!

📌 일회용 손난로 사용을 삼가자

핫팩이라고도 불리는 일회용 손난로는 한 번 사용하고 나면 다시 쓸 수 없어. 게다가 재활용도 어렵기 때문에 일반 쓰레기로 버려져 소각되거나 매립될 수밖에 없지. 손이 시릴 때는 일회용 손난로 대신 장갑을 껴서 체온을 따뜻하게 유지하자. 손난로가 필요하다면 곡물이나 귤껍질 또는 커피 가루를 이용해 손난로를 직접 만드는 방법도 있어.

지구가 더워진다는데 겨울은 왜 더 추워졌을까?

2024년 초, 미국과 유럽은 기록적인 한파를 맞았어. 특히 미국은 겨울 폭풍으로 교통편이 마비되고 눈길 교통사고와 저체온증으로 90명 이상의 사망자가 나오는 등 큰 피해를 입었어. 같은 해에 우리나라에도 강력한 한파가 찾아왔지. 그런데 참 이상하지. 지구 온난화로 지구가 점점 더워지고 있다는데 겨울이 더 추워지다니…. 점점 따뜻해져야 하는 거 아니야?

그 해답은 제트 기류에 있어. 지구를 둘러싸고 있는 대기권은 크게 대류권, 성층권, 중간권, 열권으로 이루어져 있어. **제트 기류**란 대류권 상부 또는 성층권의 하부에서 빠르게 움직이는 공기 덩어리를 말하는데, 북극권과 중위도권의 공기를 분리하는 역할을 해. 북극의 차가운 공기가 아래로 내려

오지 못하게 막아 주지. 그런데 지구 온난화로 북극이 따뜻해지면서 제트 기류의 힘이 약해지게 된 거야.

　제트 기류가 약해지면서 북극권에 갇혀 있던 찬 공기가 남쪽으로 내려와서 중위도 지역의 유럽, 미국, 아시아 등지에 한파를 몰고 왔어. 쉽게 말해 북극에 있어야 할 차가운 공기가 아래까지 내려오게 된 거야. 하지만 이와 같은 극심한 북극 한파도 지구 온난화가 계속된다면 점점 감소할 거라고 내다보고 있지. 겨울이 사라지게 될 수도 있다는 말이야.

지구 온난화로 인한 기후 변화가 날로 심각해지면서 점점 날씨를 예측하기 어려워지고 있어. 기후 변화는 날이 더워지거나 추워지는 단순한 모습이 아니라, 불규칙하게 날씨가 변하는 극단적인 **기상 이변**으로 다가오고 있거든. 추운 겨울이 오는가 하면 따뜻한 겨울이 올 수도 있고, 아주 뜨거운 여름을 지내는가 하면 시원한 여름을 보낼 수도 있지.

실제로 2024년 초, 우리나라의 겨울은 극단을 오갔어. 겨울철 날씨로는 이례적인 집중 호우와 고온 현상이 나타나더니 곧이어 북극 한파가 이어지면서 체감 온도가 영하 20도까지 내려가는 등 큰 추위가 찾아오기도 했지.

대만은 아열대 기후에 속하는 나라여서 겨울에도 영상 10도를 내려가는 일이 드물어. 그런데 지난 2021년과 2023년, 대만에 북극 한파가 찾아왔어. 2021년에는 이틀간 126명이 사망했고, 2023년에는 146명의 사망자가 나왔지. 한겨울에도 따뜻한 지역이다 보니 평소 한파에 대비하지 않았기 때문에 그 피해가 더욱 컸어.

한편, 2013년에는 이집트, 튀르키예, 시리아 등 중동 지역에 폭설이 내렸어. 이 때문에 도로가 폐쇄되고 항공편이 취소되는 등 많은 사람이 여러 불편을 겪었지. 이처럼 기후 변화는 예상하지 못한 곳에서 예상하지 못한 방식으로 그 모습을 드러내고 있어.

 우리는 앞으로 극단적인 날씨를 더 자주 맞이하게 될 거야. 기후 변화를 늦추기 위해서 온실가스를 줄이는 근본적인 노력이 필요하지만, 동시에 기상 이변에 잘 대비하는 자세도 함께 갖추어야 해. 대비되지 않은 채로 기상 이변을 맞으면 그 피해는 더욱 클 수밖에 없거든. 기후 변화는 기후 위기를 낳았고, 이제 기후 위기에 대한 적응이 필요한 때가 온 거야.

8. 비가 올 때

📌 우산 비닐 사용을 줄이자

비 오는 날 실내에 들어갈 때 비닐에 우산을 넣을 수 있게 포장기를 설치해 둔 곳이 많아. 하지만 한 번 사용하고 난 우산 비닐은 그대로 버려져서 쓰레기가 돼. 비닐을 사용하는 대신 우산을 여러 번 접었다 펼쳐서 빗물을 털어 보자. 생각보다 빗물이 많이 제거될 거야. 우산 비닐을 꼭 사용해야 한다면 한 번 쓴 비닐은 버리지 말고 가지고 있다가 재사용을 하는 것도 좋은 방법이지.

📌 배수로에 쓰레기를 버리지 말자

배수로는 빗물이 흘러가게 만들어 놓은 길이야. 배수로에 쓰레기가 많으면 비가 많이 내릴 때 물이 빠져나가지 못하고 역류해서 홍수가 나기도 해. 또 쓰레기가 빗물과 함께 배수로 속으로 휩쓸려 내려가면 바다 쓰레기가 되기도 하지. 배수로는 물이 지나가는 길이라는 걸 기억하고 쓰레기는 꼭 쓰레기통에 버리자.

📌 길 위에 나와 있는 지렁이를 옮겨 주자

비가 오는 날이면 길에서 지렁이를 종종 만나게 돼. 평소에는 흙 속에서 살다가 비가 많이 오면 호흡을 하기 위해 바깥으로 나오거든. 그러다 밖에 나와 있던 지렁이가 흙으로 돌아가지 못하고 햇빛에 말라 죽기도 해. 지렁이는 땅을 비옥하게 만들고 정화시키는 등 생태계에서 아주 중요한 역할을 하고 있어. 비가 그친 뒤에 길 위에 나와 있는 지렁이를 본다면 해가 나오기 전에 흙 위로 옮겨 주자.

기록적인 폭우의 원인이 기후 변화라고?

2020년, 우리나라는 두 달 가까이 계속되는 긴 장마와 폭우로 힘든 여름을 겪었어. 폭우로 인해 섬진강이 불어나면서 구례, 곡성 지역에 홍수 피해가 나기도 했지. 2023년, 충청북도 청주시 오송에서는 폭우로 인해 지하 차도가 잠겨 안타까운 인명 사고가 났는가 하면 충청과 경북 등지에서는 산사태로 마을이 고립되는 등 극심한 피해를 입었어.

다른 나라들도 폭우로 인한 피해가 컸어. 2024년, 두바이에는 1년 동안 내릴 비가 12시간 만에 쏟아져서 도시가 물에 잠기고 교통이 마비되는 등 큰 혼란을 겪었다고 해. 같은 해에 칠레에서도 폭우로 인해 대형 싱크홀이 생겨 건물이 붕괴되는 위험한 사고가 발생했어.

최근 몇 년 사이 우리나라를 비롯해 중국, 유럽, 남미, 중

폭우로 도로가 침수된 두바이의 모습

동 등 지역을 가리지 않고 세계 여러 나라가 폭우로 인해 큰 피해를 입고 있어. 짧은 시간 동안 좁은 면적에 많은 양의 비가 내리는 것을 '폭우' 또는 '집중 호우'라고 하는데, 최근에는 그 양과 횟수가 늘고 있어. 그렇다면 기록적인 폭우는 왜 발생하는 걸까?

원인은 역시 **기후 변화** 때문이야. 지구 온난화로 지구의 평균 기온이 상승하면서 대기는 육지와 바다로부터 훨씬 많은 양의 수분을 흡수하게 됐어. 그만큼 대기에는 전보다 많은 양의 수증기가 생기게 된 거지. 많은 양의 수증기는 곧 엄청난 양의 비로 바뀔 수 있어서 언제든 폭우가 내릴 가능성이 커진 거야. 실제로 최근 몇 년 사이에 전 세계 평균 대기 온도와 해양 온도가 연속으로 상승했다고 해. 폭우가 잦아진 이유를 여기에서 짐작해 볼 수 있어.

앞서 폭우로 인한 피해를 살펴봤듯이 폭우는 단순히 비가 많이 내리는 걸로 끝나는 문제가 아니야. 폭우는 홍수나 산사태로 이어지기 쉬워서 수많은 재산과 인명 피해를 낳거든. 폭우뿐만 아니라 폭염, 폭설, 한파 등 기상 이변으로 인한 재난 상황이 많이 발생하면서 재난 피해를 입을 가능성 역시 커지고 있어. 그래서 우리에게는 기후 변화에 대한 적응이 필요해.

기후 적응이란 사람이나 생물이 어떤 날씨에 맞춰 변화하면서 살아가는 일을 말해. 잦아지는 기상 이변에 대비해서 그 피해를 줄이는 일 역시 기후 적응이라고 할 수 있어. 예를 들면 폭우에 대비해서 홍수 차단벽이나 빗물 저장 탱크를 만드는 거야. 폭염에 대비해서 횡단보도 앞에 그늘막을 설치하고, 인공 안개를 분사하는 방법도 있지. 도로와 보행로에 열선을 깔아서 폭설이 왔을 때 사고가 나지 않게 예방하는 일도 기후 적응을 위한 방법이야.

폭염과 한파를 피할 수 있는 스마트 쉼터

그렇다면 우리는 일상에서 기후 재난에 어떻게 대처해야 할까? 평소에는 비상식량, 물, 의약품, 위생용품 등 비상 용품을 준비하자. 그리고 재난이 발생하면 기상 정보를 확인하고 뉴스나 재난 문자의 안내에 따라 안전을 확보하는 거야.

여기에 한 가지 더, 행정안전부에서 제공하는 재난 안전 정보를 활용하는 방법도 있어. 인터넷으로 '국민재난안전포털'에 접속하거나 스마트폰으로 '안전디딤돌' 앱을 통해 재난별 행동 요령, 재난 뉴스, 기상 정보, 대피 장소 등의 정보를 제공받을 수 있으니까 기억해 두었다가 잘 활용해 보자.

9. 여행을 갈 때

📌 여행지를 훼손하지 말자

'오버투어리즘'이라는 말을 들어 본 적 있니? 관광객이 몰려 그 지역이 수용할 수 있는 한계를 넘어서면서 생태계 훼손, 쓰레기 문제 등 부작용이 생기는 현상을 의미해. 오버투어리즘 문제를 해결하기 위해 관광객의 수와 머무를 수 있는 시간을 제한하거나 입장료를 부과하는 등 여러 방법을 사용하고 있지만, 관광객 스스로 여행지를 훼손하지 않기 위해 노력하는 게 가장 중요해.

📌 저탄소 이동 방법을 선택하자

여행을 위해 장거리 이동을 할 때 가능하다면 기차나 버스 같은 대중교통을 이용하자. 여럿이 함께 이용하는 대중교통은 개인용 자동차보다 이산화 탄소를 더 적게 배출하거든. 개인용 자동차를 이용하더라도 경제 속도인 시속 60~80킬로미터를 지키며 운전하면 연료를 아끼고 온실가스 배출량도 줄일 수 있어.

📌 지역 상품을 구매하자

여행지에서 재배하는 농산물을 구매하거나 그 지역 농산물을 사용하는 음식점을 방문해 보자. 기념품을 사야 한다면 지역 주민이 만든 수공예품을 구매하자. 신선한 음식을 먹고 지역에서 생산한 제품을 구매하는 이런 선택은 보관과 이동 거리가 짧은 만큼 탄소 배출을 줄일 수 있어. 또한 지역 사회의 경제에도 이바지하는 지속 가능한 여행 방법이라고 할 수 있지.

탄소를 배출하는 비행기

우리는 비행기를 타면 전 세계 어디로든 갈 수 있는 시대에 살고 있어. 비행기에 몸을 싣고 여행을 떠나는 일이 더는 낯설지 않아. 그런데 비행기가 이착륙하고 하늘을 나는 과정에서 **온실가스**가 배출된다는 사실을 알고 있니?

  같은 거리를 이동한다고 가정했을 때 다양한 교통수단 중에서 비행기가 가장 많은 양의 탄소를 배출해. 승객 한 명이 1킬로미터를 이동할 때 배출되는 탄소량을 운송 수단별로 비교하면 단거리 비행은 255그램, 장거리 비행은 150그램, 가솔린 중형차는 192그램, 버스는 105그램, 기차는 41그램이야. 비행기가 배출하는 이산화 탄소의 양이 매우 크다는 걸 알 수 있어. 단거리 비행의 탄소 배출량은 버스의 약 2배, 기차의 약 6배를 차지해. 거리당 탄소 배출량만 비교하면 가솔린 중형차보다 장거리 비행의 배출량이 더 적지만, 비행기는 훨씬 먼 거리를 이동하기 때문에 결국 비교할 수 없을 정도로 많은 양의 탄소를 배출하는 거야.

그런데 문제는 앞으로 항공 운송 수요는 계속해서 성장할 것으로 전망된다는 거야. 국제 민간 항공 기구(ICAO)는 2040년 항공 부문의 탄소 배출량이 4배 이상 증가할 거라고 내다보고 있어. 게다가 높은 고도를 나는 비행기에서 만들어지는 비행기구름은 온실가스와 마찬가지로 땅에서 올라오는 열을 가두어 지구 온난화 현상을 더욱 악화시킨다는 문제도 있어.

비행기의 탄소 배출량이 많은 것은 비행기의 연료인 항공유 때문이야. 그래서 여러 나라에서 항공기의 탄소를 획기적으로 줄일 수 있는 '지속 가능 항공유(SAF)'를 기존의 연료와 혼합하여 사용하도록 권고하고 있어.

지속 가능 항공유(Sustainable Aviation Fuel)란 석유 항공유를 대체하기 위해 바이오 연료로 만든 항공유를 의미해. 주로 동식물성 기름이나 폐식용유, 사탕수수 등을 활용해서 만들지. 지속 가능 항공유는 기존의 연료와 섞어 사용할 수 있기 때문에 모든 항공기에 적용할 수 있다는 장점이 있어. 하지만 가격이 비싸고 현재는 생산량이 매우 적어서 공급받기가 어

지속 가능 항공유를 주유하는 비행기

려워. 그런데도 유럽 연합은 2025년부터 유럽 연합 내에서 이륙하는 모든 항공기에 꼭 지속 가능 항공유를 섞어 사용하도록 했고, 이 비율도 점점 더 높일 예정이야. 반면에 우리나라는 아직 지속 가능 항공유를 많이 사용하고 있지 않아.

한편, 탄소 배출을 줄이기 위해 비행기를 타지 말자고 주장하는 사람들도 있어. 바로 유럽을 중심으로 퍼져 나간 '**플라이트 셰임**(Flight Shame)' 운동이야. 스웨덴에서 시작된 이 운동은 비행기 대신 비교적 탄소 배출량이 적은 기차나 배 등의 대체 운송 수단을 이용하자고 주장해. 쉽게 말해 이동 수단을 선택할 때 환경을 생각하자는 거지. 플라이트 셰임 운동에서 우리가 본받을 만한 점은 탄소를 배출하는 행동을 부끄럽게 여기고, 환경을 보호하기 위해 고민하는 마음이야. 비행기를 타지 않는 게 여행의 즐거움을 포기하겠다는 건 아니잖아? 여행을 하는 방법에 대해 다시 한번 생각해 보자는 거지. 여행을 대하는 태도와 관점을 바꿔 보자.

10. 영화관에서 영화를 볼 때

영화관에서 실천할 수 있는 환경을 위한 행동을 알아보자.

📌 간식은 먹을 만큼만 준비하자

영화관에 가면 팝콘 냄새의 유혹을 뿌리치지 못하는 경우가 많아. 하지만 간식으로 산 팝콘을 다 먹지 못하고 버릴 때가 많지 않니? 간식을 살 때는 꼭 먹을 만큼만 사자. 집에서 미리 다회용기에 내가 먹을 간식을 싸 가는 것도 좋은 방법이지.

📌 모바일 티켓을 발권하자

종이 티켓은 영화를 추억할 수 있는 기념품이기도 하지만 환경 문제가 뒤따라. 종이 티켓 대신 모바일 티켓을 발권해서 한 번 사용하고 버리는 아까운 종이를 줄여 보자. 영화관 이외에도 스포츠 시설이나 미술관, 박물관 등에서도 스마트 티켓을 사용하는 곳이 늘어났고, 콘서트나 연극 등 공연 업계에서도 티켓 봉투를 없애거나 스마트 티켓으로 바꿔 자원 소모를 줄이려고 노력하고 있어.

📌 환경 영화를 찾아보자

환경 문제를 다루는 다양한 영화가 스크린에 상영되고 있어. 환경을 주제로 다루는 영화도 있고, 의도하지는 않았지만 관객에게 환경 문제를 일깨워 주는 영화도 있어. 영화는 평소와 완전히 다른 관점에서 현실을 바라볼 수 있게 도와줘. 환경 관련 영화를 보면서 환경을 위한 행동을 실천하겠다는 다짐을 하기도 해. 한 편의 영화가 때때로 사람들의 마음을 움직여 삶의 방식을 변화시키기도 한단다.

영화와 환경의 불편한 공존

영화 촬영지의 **환경 훼손** 논란은 왜 계속 되풀이될까? 2019년에 개봉한 영화 〈봉오동 전투〉는 촬영 당시에 생태·경관 보전 지역인 동강 주변의 환경을 훼손했다는 비판을 받았어. 영화 제작사는 야생 동식물을 해칠 수 있는 화약류 사용과 소음 발생으로 인해 과태료를 물고 법적 처분까지 받았지. 하지만 그 이후에도 드라마, 예능, 영화 등 촬영지의 환경 훼손 문제가 계속 수면 위로 떠오르고 있어.

    영화 산업에서 일어나는 환경 오염은 특정 영화 한두 편만의 문제가 아니야. 가상의 세트장을 제작하는 과정과 영화 소품 및 의상을 처리하는 과정, 현지 촬영 등 다양한 부분에서 탄소를 배출하고 있어. 먼저, 영화 제작 현장에서 발생하는 폐기물을 처리하기가 매우 까다로워. 영화 속에 나오는

우리나라 최대 규모의 사극 촬영 세트장, 용인 대장금 파크

공간부터 의상, 소품까지 새로 만들어 내기 때문에 버려지는 폐기물이 아주 많거든.

세트장을 철거하며 발생하는 폐기물부터 촬영 후 버려지는 소품과 의상, 그리고 영화를 촬영하는 동안 사람들이 버리는 일회용품과 음식물 쓰레기까지 폐기물의 종류도 매우 다양해. 최근에는 출연진과 제작진을 응원하기 위해 간식이나 커피를 보내는 차량에서도 쓰레기가 많이 나오고 있어.

영화를 제작할 때 기존에 준비된 스튜디오에서 촬영하기도 하지만, 실제 장소에 가서 촬영하는 현지 촬영도 이루어져. 현지 촬영은 이국적인 분위기를 내기 위해 해외로 가는 경우도 많아. 그런데 현지 촬영을 위해 사람들이 이동하고, 소품을 운송하고, 새로운 장소에 전기를 공급하는 과정에서 많은 양의 탄소를 배출하게 돼. 현지 촬영 장소가 많아질수록 탄소 배출량은 계속 증가하는 거야.

스크린 뉴딜(Screen New Deal) 보고서에 따르면 거대한 자본을 투입하고 유명 감독과 배우를 섭외해 제작하는 상업 영화인 '텐트폴 영화'를 제작할 때 평균적으로 2840톤의 이산화탄소를 배출한다고 해. 규모가 큰 영화일수록 더 많은 탄소를 만들어 내는 거야.

그래도 최근 10년 동안 지속 가능한 영화 산업을 위해 많은 변화가 일어났어. 영화 촬영에 사용되는 조명을 LED로 바꿔 전기 사용량을 줄이는가 하면, 현지 촬영 대신 가상 현실과 증강 현실에 기반한 가상 스튜디오 촬영을 활용해 현장에 투입되는 인원을 줄이고, 폭발 등의 촬영 효과를 컴퓨터 그래픽으로 대체하기도 해. 게다가 지속 가능한 영화 제작을 위한 방법을 모아 놓은 가이드라인을 제작하여 산업 전반의 지속 가능성을 높이기 위해 노력하고 있지.

언뜻 무언가를 만들어 내는 영화 산업은 최대한 덜어 내야

촬영에 필요한 배경을 대형 LED 스크린으로 구현한 가상 스튜디오

하는 환경 보호와는 정반대인 것처럼 보여. 하지만 영화의 작품성과 환경 보호, 둘 중 하나만을 선택해야 하는 건 아니야. 영화 산업 역시 지속 가능한 방법을 계속 고민하고 환경을 해치지 않는 방법을 실천해야 해.

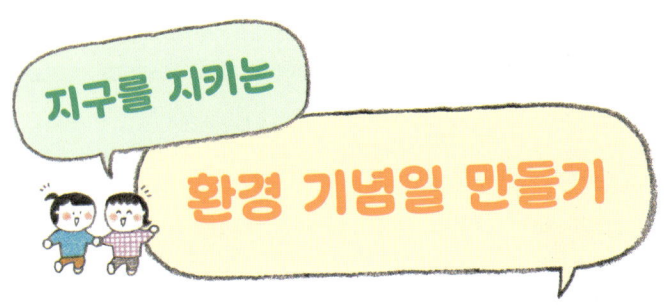

지구를 지키는 환경 기념일 만들기

우리는 광복절이나 한글날처럼 중요하고 소중한 것을 기억하기 위해 기념일을 정해 두고 있어. 하나뿐인 지구를 지키기 위해 만들어진 환경 기념일도 많아. 식목일은 대표적인 환경 기념일로 나무 심기의 중요성을 되새기는 날이야. 나무를 심으며 자연의 소중함을 느끼고, 환경을 보호한다는 뿌듯함도 얻을 수 있지. 이 밖에도 지구의 날, 바다의 날처럼 다양한 환경 기념일이 있어.

이처럼 지구를 지키기 위한 나만의 환경 기념일을 만들어 보는 건 어때? 내가 중요하게 생각하는 환경 문제를 찾아보고, 그에 어울리는 날짜와 기념일 이름을 정해 보자. 그리고 실천할 수 있는 활동도 계획해 보는 거야. 이렇게 만든 환경 기념일을 가족이나 친구들과 함께 나누고 기념한다면 더욱 의미 있고 즐거운 실천이 될 수 있을 거야.

2월 2일	3월 22일	4월 4일	4월 5일
세계 습지의 날	세계 물의 날	종이 안 쓰는 날	식목일
4월 22일	5월 31일	6월 5일	8월 22일
지구의 날	바다의 날	세계 환경의 날	에너지의 날
9월 6일	10월 1일	10월 18일	12월 5일
자원 순환의 날	세계 채식인의 날	산의 날	세계 토양의 날

📌 나만의 환경 기념일 만들기 예시

기념할 날짜: 12월 31일

기념일 이름: 디지털 탄소 발자국의 날

실천 활동 계획: 이메일 지우기, 음악이나 영상은 스트리밍 대신 다운로드해서 시청하기, 모니터 절전 모드 설정하기, 클라우드에 있는 불필요한 파일 삭제하기

📌 나만의 환경 기념일 만들기

기념할 날짜:

기념일 이름:

실천 활동 계획:

참고 자료

1장 집에서 시작해요!

- 〈"음식쓰레기 줄일 소비기한 도입을"〉,《세계일보》, 2021.4.21.
- 〈버려지는 옷 10만 톤… 태우고 묻고 '병드는 지구'〉,《중부일보》, 2024.5.19.
- 〈KBS 환경스페셜 – 옷을 위한 지구는 없다〉(2021.7.1. 방송)
- 〈"하다하다 물까지 스트레스" 숲 가꾸면 해결할 수 있다고?〉,《헤럴드경제》, 2024.3.21.
- 〈1인당 하루 물 소비량 306ℓ… 2025년 기근국가 전락 경고등〉,《세계일보》, 2024.4.30.
- 〈천억벌 만들어 70%는 쓰레기로… 지구재앙된 패션〉,《동아경제》, 2023.12.21.
- 〈커피원두 1㎏ 생산 '물 발자국 1만8900ℓ'〉,《헤럴드경제》, 2019.12.26.
- 〈한반도 7배, 태평양 '쓰레기섬'… "한국어 쓰레기 보이시죠?"〉,《헤럴드경제》, 2024.11.18.
- 〈알리 직구서 또… 어린이 머리띠·시계 환경 호르몬 범벅〉,《조선일보》, 2024.5.17.

2장 학교에서 함께해요!

- 〈"물티슈 너! '종이' 아니었어?"… 물티슈의 뜻밖의 고백〉,《KBS 뉴스》, 2021.9.20.
- 〈물티슈 폐기물 처리비, 한해에만 '1783억원'〉,《한국경제》, 2024.3.24.
- 〈여수 물고기 집단 폐사, 원인은 물티슈… 폐수 처리 설비 막혀 역류〉,《조선비즈》, 2023.6.14.
- 〈국민 1인당 연간 택배 이용횟수 80회 돌파… 총 41억2300만건〉,《뉴스1》, 2023.10.3.
- 〈점차 늘어가는 포장쓰레기… 과대포장 규정 강화해야〉,《오마이뉴스》, 2023.2.10.
- 〈더우니 틀고 트니 더 덥고, 에어컨의 두 얼굴〉,《한겨레》, 2016.6.29.
- 〈가난한 사람, 가난한 국가에 더 가혹한 기후변화〉,《경향신문》, 2022.2.28.
- 〈美·獨 '음식물쓰레기도 자원' 과감한 투자〉,《더나은미래》, 2022.3.25.
- 〈'플라스틱 오염' 재활용하면 끝? "재활용률 9% 불과, 생산 자체 줄여야"〉,《한국일보》, 2024.10.7.

3장 언제 어디서나 지켜요!

- 〈美2032년 신차 3분의2 전기차로, 유럽 2035년 내연기관차 퇴출〉, 《이데일리》, 2023.4.10.
- 〈인천, 도시숲 늘린다… "먼지 저감·열섬 완화 효능 확인"〉, 《세계일보》, 2023.2.6.
- 〈옥상 온도 55.8℃ 일 때 가로수길은 28.5℃…기후위기 시대 '생존 문제' 된 도시숲〉, 《경향신문》, 2021.8.10.
- 〈바다를 지키는 선크림, 어떻게 고르죠?〉, 《국민일보》, 2021.5.8.
- 〈강도형 해수부 장관 "바다숲 탄소배출권 거래제도 도입 추진"〉, 《연합뉴스》, 2024.5.10.
- 〈완도 해조류 우수성 미국에서 주목받다〉, 《프레시안》, 2021.4.27.
- 〈'쓰레기산' 된 에베레스트… 산악인들 비양심에 몸살〉, 《국민일보》, 2023.6.1.
- 〈에베레스트 쓰레기 몸살에 네팔 호텔, 일회용 플라스틱 퇴출키로〉, 《연합뉴스》, 2022.6.2.
- 〈유엔 사무총장 "온난화 끝났다… 이젠 지구 '끓는' 시대"〉, 《한국경제》, 2023.7.28.
- 〈기후재앙 마지노선 '1.5도'… 5년 내 뚫릴 가능성 80%〉, 《한겨레》, 2024.6.6.
- 〈2023년은 더 더운데… "2022년 여름 유럽 폭염 사망자 6만명"〉, 《세계일보》, 2023.7.11.
- 〈'북극한파' 덮친 대만 146명 사망… 가정집 바닥도 '펑'〉, 《MBC 뉴스》, 2023.1.30.
- 〈성층권 온난화가 만든 '극한 한파'… 평창 체감 −28도, 미국선 92명 숨져〉, 《중앙일보》, 2024.1.24.
- 〈수백명 목숨 앗아간 폭우… 전세계 '수난' 원인은?〉, 《세계일보》, 2024.5.12.
- 〈'설상가상' 칠레, 폭우에 대형 싱크홀까지… 아파트는 붕괴 위기〉, 《뉴스1》, 2024.6.15.
- 〈'기후 악당' 항공사 탄소 줄이기 골머리〉, 《한국경제》, 2022.5.10.
- 〈항공업계, 코로나 한숨 돌리니 탄소배출 걱정〉, 《시사저널e》, 2023.8.1.
- 〈"영화 한 편당 탄소발자국은?" 유니버설, 지속가능한 영화 제작 위한 프로그램 마련〉, 《비건뉴스》, 2023.3.14.

날마다 즐겁게 지구를 구하자!

1판 1쇄 발행일 2025년 7월 21일

지은이 이해인·김유리·양수정
그린이 뜬금

발행인 김학원
발행처 휴먼어린이
출판등록 제313-2006-000161호(2006년 7월 31일)
주소 (03991) 서울시 마포구 동교로23길 76(연남동)
전화 02-335-4422 **팩스** 02-334-3427
저자·독자 서비스 humanist@humanistbooks.com
홈페이지 www.humanistbooks.com
유튜브 youtube.com/user/humanistma
인스타그램 @human_kids

편집주간 황서현 **편집** 박현혜 **디자인** 기하늘
용지 화인페이퍼 **인쇄** 삼조인쇄 **제본** 해피문화사
사진출처 경동시장 ⓒ 세종학당재단 / 공공누리 제1유형
신안갯벌 ⓒ 국가유산청 / 공공누리 제1유형
스마트 쉼터 ⓒ 김해시 / CC BY 2.0 KR
용인 대장금 파크 ⓒ 경기도 / 공공누리 제1유형

글 ⓒ 이해인·김유리·양수정, 2025
그림 ⓒ 뜬금, 2025

ISBN 978-89-6591-636-9 73400

- 이 책은 저작권법에 따라 보호받는 저작물이므로 무단 전재와 무단 복제를 금합니다.
- 이 책의 전부 또는 일부를 이용하려면 반드시 저작권자와 휴먼어린이 출판사의 동의를 받아야 합니다.
- **사용 연령 8세 이상** 종이에 베이거나 긁히지 않도록 조심하세요. 책 모서리가 날카로우니 던지거나 떨어뜨리지 마세요.